복음의 유대성 회복

Copyright ⓒ 2010 by Messianic Jewish Publishers
Originally published in English as *Restoring the Jewishness of the Gospel: A Message for Christians* by Messianic Jewish Publishers. All rights reserved.

This Korean translation edition © 2024 by Maon Publishers, Gyeongju, Republic of Korea.
This Korean edition is published by arrangement of Messianic Jewish Publishers through rMaeng2, Seoul, Republic of Korea.

이 한국어판 저작권은 알맹2를 통하여 Messianic Jewish Publishers와 독점 계약한 마온출판사에 있습니다.
신저작권법에 의하여 한국 내에서 보호받는 저작물이므로 무단 전재와 무단 복제를 금합니다.

복음의 유대성 회복

초판 1쇄 인쇄 2024년 10월 16일
초판 1쇄 발행 2024년 10월 20일

지은이 | 데이비드 H. 스턴
옮긴이 | 신철호
펴낸이 | 신철호
교 정 | 박이삭, 신철호

펴낸곳 | 마온
등 록 | 제 505-2023-000010호
주 소 | 경상북도 경주시 외동읍 산업로 1769
이메일 | flows1@hanmail.net

디자인 | 김태림

ISBN 979-11-984550-2-4 (03230)

* 잘못된 책은 서점에서 교환하여 드립니다.
* 책값은 뒤표지에 있습니다.

복음의 유대성 회복

데이비드 H. 스턴 지음
신철호 옮김

4 הֲרֵי הַמָּשִׁיחַ הוּא תַּכְלִית הַתּוֹרָה, כְּדֵי
שֶׁיִּצְדַּק כָּל מִי שֶׁמַּאֲמִין

Restoring the Jewishness of the
G✡SPEL
A Message for Christians

미온

일러두기

1. 본문 위에 표시된 숫자는 원서의 페이지이며 색인에 나와 있는 숫자는 모두 원서의 페이지이다.

2. *로 표시된 히브리어 음역 단어는 '히브리어 단어와 이름 해설'을 참조하라.

3. 토라와 율법은 같은 의미로 사용되나 성경을 인용하거나 율법이라는 말이 더 자연스러울 경우에는 율법이라고 번역했다.

4. 이 책에 인용된 성경구절은 특별한 번역본 표시가 없으면 개역개정이며 필요에 따라 개역개정에 사역을 포함시켰다.

5. 이 책에 사용된 다양한 성경 역본은 모두 역자의 번역이다.

6. 이 책에 사용된 성경 역본은 다음과 같다.
    JNT(Jewish New Testament, 유대인 신약성경)
    NASB(New American Standard Bible, 새 미국 표준성경)
    RSV(Revised Standard Version, 개정 표준역)
    KJV(King James Version, 흠정역)

7. Yeshua는 '예슈아'로, Jesus는 '예수'로 번역했다.

8. national Israel은 민족적 이스라엘로 이스라엘 국가를 뜻하므로 '민족적 이스라엘'이나 '이스라엘 나라'로 번역했고, commonwealth Israel은 commonwealth가 현대 정치 용어로 연방 국가를 뜻하므로 '이스라엘 연방'으로 번역했다. 에베소서 2장 12절에서 commonwealth Israel은 '이스라엘 나라'로 번역되어 있지만 이것은 '이스라엘 나라'가 복수의 연합이 아니라 민족적 이스라엘이라는 단수의 개념으로 오해될 소지가 있어서 '이스라엘 연방'이라는 용어를 선택했다. 연방 국가란 여러 주 또는 지방 그리고 국가가 일정한 자치권을 가지면서도 중앙 정부에 권한을 위임하는 형태의 국가이다. 대표적인 연방 국가는 미국이다. **이 책에서 '이스라엘 연방'은 그리스도의 주권에 복종하는 여러 형태의 개인이나 민족이 그리스도의 통치 아래서 이스라엘에 속하게 되어, 지상에 있는 하나님 나라를 구현하는 연합체를 총칭해서 일컫는 말이다.** commonwealth에 해당하는 그리스어는 πολιτείας(폴리테이아스)로 영어 politics가 여기서 왔다. 따라서 이 책에서 '연방'이라는 용어는 영적인 의미뿐만 아니라 구현된 실제로써의 의미도 내포되어 있다.

주여, 주는 대대에 우리의 거처(마온)가 되셨나이다 시편 90:1

추천사 1

이 책에서 저자는 기독교가 본래 유대적이라는 것을 알기 쉽게 설명하면서 이방인과 유대인이 그리스도 안에서 하나가 되는 새로운 이해를 제시한다. 이 책은 유대인에게 복음을 전할 때 유대적 정체성을 단념하도록 만들 필요가 없다는 점을 설명하고 바울이 이방인에게 유대 문화를 받아들이도록 강요하지 않았으며 바울의 전한 복음은 초문화적 유대적 특성이 있었다는 것을 설명한다. 이 책을 통해서 독자들은 초기 기독교 선교에 대한 유용한 통찰을 발견할 것이다. 게다가 저자는 유대인과 아랍인의 관계에 대한 전망도 새로이 제시한다. 결과적으로 이 책은 교회 안에 남아있는 반유대주의적 성경 해석을 되돌아볼 수 있는 기회를 제공한다. 이 책은 국내에서 메시아닉 유대교에 대한 소개가 거의 전무한 현실에서 이 분야에 대한 마중물로서 역할을 감당할 수 있을 것이다. 최근 신약학계는 초기 기독교가 유대적 유산에 깊이 뿌리내려져 있다는 점을 광범위하게 관찰한다. 이 책은 이러한 최근의 학계의 흐름에 부합할 뿐 아니라 선구적 역할을 감당한다.

김규섭 교수_아신대학교 신약학

추천사 2

역사 속에서 대부분의 이방 교회 그리스도인들은 예슈아께서 유대인의 메시아, 구원자, 율법의 완성자, 그리고 이스라엘 자체이심을 잊었다. 그 결과, 복음의 핵심 요소를 놓치며 온전한 하나님 나라의 비밀을 깨닫지 못했다. 스턴 박사는 이스라엘과 이방인 관계를 설명하는 언약신학, 대체신학, 세대주의 그리고 '두 언약신학'의 오류를 지적하며 '올리브 나무 신학'으로 표현되는 복음의 유대성 회복을 강력하게 주장한다. 기독교는 유대적이며, 반유대주의는 기독교적인 것이 아니라는 외침에 크게 공감한다. 이 책을 읽고 복음의 유대성을 깨달은 한국 교회가 유대인들에게 예슈아의 복음을 전하는 것을 거절하거나 소홀히 하는 반유대주의적 태도를 벗어나, 복음을 전하고 유대인과 한새사람을 이룰 때만 누릴 수 있는 하나님의 복을 누리기를 소망한다.

이정 목사 _ Ph. D., 티쿤 글로벌 한국대표

목차

추천사 6
서문 13

01 상황화냐 회복이냐

A. 기독교와 문화 20

   1. 초문화적 유대교 20
   2. 비-초문화적 기독교: 문화의 장벽에 갇힌 기독교 23
   3. "이제 그리스도인 되었으니 햄 샌드위치를 드세요!" 24

B. 복음을 상황화하는 것 26

   1. 유대인을 위해 복음을 상황화하는 것 27
   2. 세 가지 형태의 복음전도 방식 28
   3. 유대인에게는 어느 것이 적합한가? 30

C. 상황화가 아니라 네 번째 형태의 복음전도 방식 32

02 복음의 유대성 회복

A. 정의	38
B. 신학과 역사에서 교회와 이스라엘	40
1. 세 가지 신학 : 언약신학, 세대주의 그리고 "올리브 나무"	41
2. 역사에서 교회와 이스라엘: 초기 시대	43
3. 올리브 나무 신학	52
4. 역사에서 교회와 이스라엘: 현대 시대	55
C. 복음은 개인적일 뿐 아니라 집단적이다	58
D. 예슈아는 이스라엘 백성과 동일시된다	62
E. 하나님은 유대 민족에게 약속하신 것을 성취하실 것이다	68
1. 신약성경이 그것을 증명한다	68
2. 구약성경이 그것을 증명한다.	70
3. 하나님이 유대 민족을 끝내셨다는 주장에 대한 반박	72
4. 땅의 약속	75
5. 왕국의 약속	82
6. 결론	84

F. 복음에서 토라의 역할 — 84

1. 미지의 영역, 토라 — 84
2. 노모스 — 88
3. "율법은 끝났다"라고 하는 복음은 전혀 복음이 아니다 — 97
4. 새 언약의 율법과 실천 — 101
5. 새 언약의 율법? — 109

03 복음의 유대성 회복을 위한 전제

A. 기독교는 유대적이다 — 116
B. 반유대주의는 비기독교적이다 — 120
C. 유대인에게 복음을 전하는 것을 거절하거나 소홀히 하는 것은 반유대주의이다 — 123

1. 유대인에 대한 선의의 무관심은 반유대주의이다 — 123
2. 역사에 의해 정당화되는 의도적인 무관심은 반유대주의이다 — 125
3. 신학에 의해 정당화되는 의도적인 무관심은 반유대주의이다 — 128
4. 로마서 1:16-복음은 "특별히 유대인을 위한 것"이다 — 133

04 축복

A. 교회는 어떻게 복을 받을 것인가? 138
B. 유대 민족은 어떻게 복을 받을 것인가? 140

 부록

교회의 가장 큰 과제는 단지 유대인을 146
사랑하는 것 이상이다
히브리어 단어와 이름 해설 158
참고 문헌 164
성경과 초기 문헌 색인 167

서문

"진리에는 온전한 진리가 있고 단지 진리일 뿐인 것이 있다." 교회가 선포하는 복음, 즉 로마서 8장 첫 부분에 매우 자세히 묘사되어 있고, 때로 네 개나 다섯 개의 영적 법칙으로 요약되는 개인을 향한 하나님의 은혜의 복음은 진리이다. 그러나 그것은 진리일 뿐 온전한 진리는 아니다. 그 복음이 온전한 진리가 되려면 복음의 유대성이 회복되어야 한다.

이 책에서 전하고자 하는 메시지는 한 가지이며 간단하다. 그것은 교회가 복음의 유대성을 회복하기 위해 온 힘을 쏟지 않는다면 교회는 복음의 핵심 요소를 결여하게 된다는 것이다. 그렇게되면 결과적으로 교회는 대사명을 제대로 이행할 수 없으며 유대 민족은 "열방의 빛"이 될 수 없다. 나는 이 책의 메시지를 제시하는 과정에서 유대성이 무엇을 의미하는지 정의하기보다 회복되어야 할 것이 무엇인지를 설명할 것이다.

교회가 유대성을 회복하지 않은 채 복음을 선포한다면 "하나님의 온전한 뜻"(행 20:27)을 전하는 데 실패할 수밖에 없을 것이다. 최악의 경우 교회는 바울이 "다른 복음"(갈 1:6-9)이라고 부른 것을 전할 수도 있을 것이다. 더욱이 이러한 목표에서 벗어난 설교로 인해 유대인들뿐만 아니라 이방인들도 어려움을 겪게 된다. 따라서 나는 내가 그리스도인들이 마땅이 관심을 가져야 할 매우 진지한 문제에 초점을 맞추고 있다고 믿는다.

복음의 유대성 회복에 대해 말하면서 나는 다음 나오는 세 가지 사항에 독자들이 동의할 것이라고 가정한다. 그리고 그 세 가지 사항은 그 자체로 회복된 유대성의 부분이 아니지만 그것의 전제가 되는 것이다. 첫째 기독교는 유대적이다. 둘째 반유대주의[1]는 기독교적인 것이 아니다. 셋째 유대인들에

---

[1] 이 책에서 "반셈족주의"는 "반유대주의"와 동의어이다. 이 용례는 두 가지 면에서 비평적으로 열려 있다. 몇몇 아랍인들은 그들도 셈족이기 때문에 방어적인 입장을 취할 수 있지만 영어권 사람들에게 그들이 "반셈족주의"라고 말할 때 그것은 "반아랍주의"를 뜻하는 것은 아니다. 둘째, 어떤 그리스도인은 "반셈족주의"라는 용어가 히틀러가 통치했던 독일에 대한 혐오를 내포한다고 해서 그것을 반대한다는 것을 들었다. 내가 이 용어를 사용할 때마다 그러한 기억을 떠올리려고 한 것은 아니지만 "반유대주의"라는 용어는 비교적 사소한 죄에서부터 상상할 수 있는 최악의 죄에 이르기까지 선이 아닌 악의 스펙트럼을 나타낸다는 것을 인식해야 한다.

게 복음을 전하는 것을 거절하거나 소홀히 하는 것은 반유대주의이다. 3장에서 이 제안들을 다시 살펴볼 것이다. 그리고 복음이 "먼저는 유대인에게" 구원의 능력이 된다는 로마서 1장 16절의 말씀이 무엇을 의미하는지 검토하면서 마무리할 것이다. 2006년에 작성된 부록에서는 2장의 내용에 대한 다른 관점을 제시한다.

처음 두 장은 부록과 함께 이 책의 주요 아이디어를 제시한다. 1장에서는 복음의 유대성을 회복하는 것과 복음을 상황화하는 것을 비교하여 후자는 잘못된 것이라는 결론을 내릴 것이다. 2장과 부록은 이 책의 중심이 되는 부분으로, 복음에 유대성이 회복될 때 달라지는 것이 무엇인지에 대해 논의할 것이다.

마지막으로 4장은 복음의 유대성이 회복될 때 나오는 복에 대해 살펴볼 것이다. 책의 끝에는 이 책에서 사용된 모든 히브리어 단어와 이름의 용어가 정리되어 있다.

이 작은 책은 주로 비유대인 그리스도인들과 자신의 믿음이 얼마나 유대적인지에 대해 많이 생각해 본 적이 없는 예슈아(예수)를 믿는 유대인 그리스도인들을 위해 쓰여졌다. 이 책에 있는 모든 내용은 약간 수정된 형태로 나의 더 긴 책

『메시아닉 유대교』Messianic Judaism: A Modern Movement with an Ancient Past[2]에 나와 있다. 그리고 이 긴 책『메시아닉 유대교』는 우선적으로 자신의 유대적 정체성을 긍정적으로 인식하고 있는 믿는 유대인들을 대상으로 쓰여졌다. 이 책을 읽기 원하는 다른 사람들은 믿는 유대인들을 위한 책이라는 것을 의식하면서 읽도록 권유하고 싶다. 따라서 이 책『복음의 유대성 회복』에서 제시된 개념들을 좀 더 알기를 원하거나, 이 책을 읽으면서 답보다는 질문이 더 많이 생겼거나, 이 주제에 대한 나의 관점을 더 잘 이해하기 원하는 사람들은『메시아닉 유대교』를 읽어 봐야 할 것이다.『메시아닉 유대교』를 읽은 후에 질문이나 제안이나 비평이 있는 사람은 누구든지 의견을 나눌 수 있도록 초대받을 것이다.[3]

반면 이 책은 유대인이든 비유대인이든 예슈아를 믿지 않는 사람들을 설득하여 확신을 주기 위한 것이 아니다. 사람들이 예슈아를 믿을 수 있도록 설득하기 위한 문헌들은 부족하지 않다. 그러나 이 책은 그것에 대한 증거들을 제시하지

---

2 David H. Stern, *Messianic Judaism* (6120 Day Long Lane, Clarksville, MD 21029, USA: Messianic Jewish Publishers, 2007). 이 책은 *Messianic Jewish Manifesto*라는 제목으로 1998년 처음 출간되었다.

3 Dr. David H. Stern, c/o Messianic Jewish Publishers 6120 Day Long Lane Clarksville, MD 21029, USA.

않고, 예슈아가 이스라엘의 참된 메시아이시며, 신약성경과 타나흐(구약성경)가 인간을 향한 하나님의 말씀이라는 것을 전제로 하고 있다.

나는 이 책이 갈라디아서에서 바울이 비판한 유대주의(또는 유대화) 이단을 조장할 염려가 있고, 일부 그리스도인들은 이 책을 그렇게 읽을 수 있다는 것에 대해 지적받아 왔다. 그러나 "유대화"Judaizing는 신약의 신자들에게 그들의 믿음의 유대성을 조사해 보도록 권고하는 것을 의미하지 않는다. "유대화"는 다음에 나오는 세 가지 중의 하나이거나 또는 그것들의 조합을 의미한다. (1) 이방인들이 유대교로 개종하지 않으면 메시아이신 예슈아 안에 있는 믿음으로도 구원받을 수 없다고 주장하는 것. (2) 구원받은 이방인들이 유대적인 관습을 따르도록 요구하는 것. (3) 율법주의, 즉 하나님의 율법을 믿음과 관련없는 일련의 규칙의 체계로 보는 왜곡된 토라의 형태를 이방인들이 복종하도록 요구하는 것. 나와 대부분의 메시아닉 유대인들은 유대화된 사람들Judaizers이 아니다. 만약 "유대화"된다는 것이 실제로 무엇을 의미하는지를 밝히 알고 이 책을 읽는다면, 누구든지 우리가 유대화된 사람이 아니라는 것을 확신하게 될 것이다.

데이비드 H. 스턴

Restoring the Jewishness of the
G✡SPEL
A Message for Christians

01

상황화냐 회복이냐

A. 기독교와 문화

1. 초문화적 유대교

예슈아가 교회에 주신 "대사명"은 모든 민족들을 제자 삼으라는 것이다.[1] 그러나 초기 메시아닉 유대인들이 이방인들에게 복음을 전하기 시작했을 때 복음을 문화적인 맥락에서 분리하여 복음의 본질적인 메시지가 구원에 불필요한 문화적 짐baggage에 의해 방해받지 않도록 해야 했다.

새 언약 안에서 이방인들이 구원받기 위해 유대인이 될 필요가 없다는 사실은, 믿는 유대인들에게 큰 충격으로 다가왔다. 그것은 게바(베드로)의 환상과 고넬로가 믿게 되면서 시작

---

1 마태복음 28:18-20.

되었다.[2] 그러나 많은 세부적인 문제들을 해결한 사람은 이방인의 사도로 부름받은 바울이었다. 야고보[3]가 예루살렘 공의회에서 이방인은 할례를 받지 않아도 되고 전통 유대교에서 발전해 온 율법을 지킬 필요가 없다는 결정을 공포했을 때 바울은 거기에 참석했었다. 대신 그들이 주 안에서 형제로 완전히 받아들여지기 위해 요구되는 것이 있었는데 그것은 사도행전 15장 20절에 명시되어 있는 네 가지 계명의 준수였다.

후에 바울은 유대인이든 이방인이든 누구든지 주께로 인도하기 위해 어느 정도까지 하려고 했는지 매우 분명하게 진술했다. 그는 고린도전서 9장 19-22절에서 이렇게 기록했다.

> 내가 모든 사람에게서 자유로우나 스스로 모든 사람에게 종이 된 것은 더 많은 사람을 얻고자 함이라 유대인들에게 내가 유대인과 같이 된 것은 유대인들을 얻고자 함이요 율법 아래에 있는 자들에게는 내가 율법 아래에 있지 아니하나 율법 아래에 있는 자 같이 된 것은 율법 아래에 있는 자들을 얻고자 함이요 율법 없는 자에게는 내가 하나님께는 율법 없는

---

2 사도행전 10:1-11:18.
3 예슈아의 형제

2

> 자가 아니요 도리어 그리스도의 율법 아래에 있는 자이나 율법 없는 자와 같이 된 것은 율법 없는 자들을 얻고자 함이라 약한 자들에게 내가 약한 자와 같이 된 것은 약한 자들을 얻고자 함이요 내가 여러 사람에게 여러 모습이 된 것은 아무쪼록 몇 사람이라도 구원하고자 함이니

이 본문에 대한 일반적인 비판 때문에 나는 이 본문을 인용하면서 한 가지를 지적해야 하는데, 그것은 바울이 "여러 사람에게 여러 모습"이 되었다고 말한 것은 자신을 카멜레온 같은 위선자로 표현한 것이 아니라는 것이다. 오히려 그가 다른 사람처럼 "되었다"라고 말한 것은 바울 자신이 그들의 입장이 되어 그들과 함께 공감하고, 그들의 출신이나 그들이 거하는 곳을 고려하여 그들의 사고방식을 이해하고자 했다는 의미이다. 그렇게 하도록 바울을 움직인 것은 잃어버린 자들을 얻기 위한 바울의 열망이었다. 그는 그렇게 하지 않았을 수도 있고, 다른 사람들의 문화에 공감하기보다 바울 자신의 문화에 적응하도록 요구할 수도 있었다. 그러나 하나님께서는 바울이 먼 곳을 다니며 다른 사람들의 필요에 자신이 종 되어 매이도록 부르셨다.

요약하면 바울은 이방인들에게 유대 문화를 받아들이도록 강요하지 않았다. 그는 이방인들을 위한 신약의 메시지가 우

리에게는 기독교라고 알려진 "초문화적 유대교"transcultural Judaism 라는 것을 깨달았다.

2. 비-초문화적 기독교: 문화의 장벽에 갇힌 기독교

문화의 장벽을 넘어 복음을 전하려고 했던 모든 사람들이 바울이 가르쳤던 타문화 복음전도cross-cultural evangelism의 원리를 이해했던 것은 아니다. 종종 정반대의 일이 일어났다. 복음이 문화와 혼동되어 그 메시지가 예슈아를 통해 죄에서 하나님께로 돌이키게 할 뿐 아니라 자신의 문화도 버리고 그것으로부터 멀어지게 했다.

세계의 일부 지역에서는 선교사들이 스스로 만든 게토, 즉 "선교 단지"에 살았고 지금도 살고 있다. 하나님께서 한 명의 현지인을 만지시고 그에게 새로운 영을 주시면 선교사들은 그들을 그곳으로 데리고 와서 그에게 새로운 문화를 가르쳤는데 그것은 보통 서구 문화였다.

제임스 미치너James Michener는 그의 책 『하와이』에서 이러한 방식을 생생하게 묘사했다. 이 책은 역사적으로 부정확하고 반기독교적 성향과 편견으로 가득차 있지만 잠깐 동안 만이라도 저자의 관점을 채택하려고 한다. 그는 1800년대 초 뉴잉글랜드에서 온 선교사들이 하와이 원주민들에게 그리스도인이 되려면 첨탑이 있는 목조 교회를 짓고 청교도들처럼 옷을 입을 것을 요구한다고 묘사했다. 하와이 원주민들은 자신의 문화에 대해 이방인이 되어야 했다. 사실 카마이나(kamaainas) 족들은 나체로 돌아다녔다. 기독교 제자도는 정숙함을 내포하고 있지만 그것이 반드시 서양의 의복 양식을 따라야 한다는 것을 의미하지는 않는다. 사람들이 그리스도인이 될 때 그들의 죄를 버리는 것이지 그들의 문화를 버리는 것은 아니다. 성경적인 규범을 어기게 하는 요소가 있는 문화는 예외이지만 말이다.

3. "이제 그리스도인 되었으니 햄 샌드위치를 드세요!"

유대인 복음전도와 관련해서 만큼은 복음전도의 대상자인 사람들에게 가장 적합한 방식으로 복음을 제시하는 바울의 패턴을 따르지 않는 것이 4세기의 표준적인 관행이 되었다. 반대로 유대인들은 예슈아를 자신의 메시아, 구원자로 받아들이는 것만으로는 충분하지 않았다. 그들은 "기독교로 개종"[4]해야 했는데 이것은 이질적인 문화를 받아들이고 때로는

---

4 여기서 사용된 "기독교로의 개종"은 "메시아닉 유대인이 되는 것"과 반대의 의미를 가진다. 기독교로 개종한 유대인과 메시아닉 유대인은

유대적인 모든 것을 포기하는 것을 의미했다. 후자는 유대인들이 유대인 메시아 예슈아의 거룩한 공동체에 들어오기를 원할 경우 확언해야 했던 콘스탄티노플 교회의 신앙 고백에서 볼 수 있다.

> 나는 유대적인 모든 관습, 제의, 율법주의, 무교병, 양을 바치는 제사와 모든 유대 절기, 희생제사, 기도, 성수의식, 정결의식, 성화, 속죄, 금식, 새로운 달, 안식일, 미신적인 것들, 찬송과 노래, 규율을 준수하는 것, 회당, 그리고 유대적인 음식과 음료 모든 것을 포기합니다. 한마디로 말해서 나는 반드시 율법, 제의, 관습 등 모든 유대적인 것들을 포기합니다. 만약에 이후로 내가 이러한 맹세를 부인하여 다시 유대적인 미신적 행위로 돌아가거나, 유대인과 함께 음식을 먹

둘 다 예슈아를 믿지만 메시아닉 유대인은 그들의 유대인의 정체성, 즉 유대적인 사상이나 관습을 그대로 유지한다. 그리고 그것들은 정확하게 말하면 4세기 이후에는 믿는 유대인들에게 금지된 것들이었다. 아래의 2장 B와 나의 책 *Messianic Judaism* 2장을 참조하라. 실제로 신약에서 "그리스도인"이라는 용어는 메시아닉 유대인이 아니라 유대인 메시아이신 예슈아를 통해 유일하신 참 하나님을 알게 된 이방인을 지칭하기 위해 사용되었다. 오늘날 "그리스도인"이라는 용어가 메시아닉 유대인에게 적용되어야 하는지에 대한 문제는 *Messianic Judaism* 3장 H에서 논의된다.

는 것이 발견되거나, 그들과 함께 연회를 즐기거나, 공개적으로 논의하지 않고 비밀스럽게 대화를 나누면서 기독교를 비난하고 그들의 믿음이 헛된 것이라고 비난한다면, 법적인 형벌을 받을 뿐 아니라 가인의 두려움과 게하시의 문둥병이 들러붙을 것입니다. 그리고 나는 오는 세상에서 파문당할 것이며 나의 영혼은 사단과 악마들에게 떨어질 것입니다.[5]

최근에 메시아닉 유대인들은 그들이 그리스도인이라는 것을 증명하기 위해 햄 샌드위치를 먹어보라는 요구를 받아왔다. 나 자신도 기독교 지도자들이 나와 아내가 카슈룻*_{kashrut, 유대인의 음식법}을 지키는 것을 보고 불편함을 느끼는 것을 경험했다.

B. 복음을 상황화하는 것

복음전도자와 선교사들이 지상 명령에 순종하도록 돕는 현대 선교학자들은 사람들이 그리스도인이 되기 위해 그들의

---

5 "Profession of Faith, from the Church of Costantinople: From Assemani, Cod. Lit., I, p. 105", James Parkers, *The Conflict of the Church and the Synagogue* (NewYork: Atheneum, 1974), pp. 397-398.에서 인용.

문화를 떠나는 문제에 대해서 조사하기 시작하면서 상황화 contextualization라는 개념을 발전시켰다. 이 용어는 단순히 복음을 받아들이는 사람들의 문화 외부가 아니라 그 문화의 맥락 안에서 복음을 제시하는 것을 의미한다. 이 용어야말로 바울이 자연스럽게 사역했던 방법을 멋지게 표현한 것이라고 말할 수 있다. 복음이 상황화되면 새롭게 그리스도인이 된 사람들은 그들의 문화안에 머물면서 그 문화와 자신을 하나님의 뜻에 맞추려고 한다.

1. 유대인을 위해 복음을 상황화하는 것

19세기에 영국과 다른 유럽 국가에서 히브리 기독교 운동 Hebrew Christian movement이라고 불리게 된 운동이 시작된 것은 본질적으로 유대인을 위해 복음을 상황화하려는 노력 때문이었다. 유대인 신자들은 그들의 믿음이 신약성경의 올바른 전통에 근거하고 있다면 그들의 민족을 떠나지 말고 유대인으로 남아 있으라고 권고 받았다. 또한 그들은 유월절과 하누카 그리고 다른 절기들을 기념하고 일반적으로 그들의 유대성을 표현할 수 있는 것들을 행하도록 권장되었다. 그들은 또한 모세의 율법을 지킨다고 해서 그들의 구원이 강화되지 않는다는 것을 주지받았다. 이방인들과 마찬가지도 그들도 "율법이 행위"가 아니라 믿음으로 구원받기 때문이다.

분명히 상황화는 유대인들이 유대적인 모든 것을 단념하도록 요구하는 것에 대한 개선책이었다. 그러나 상황화는 유대 신자들을 문제있는 사람들로, 게다가 유대교와 유대 민족을 기독교와 교회에 반대하고 성경적 진리와는 상반되는 주장을 하는 집단으로 취급했다.

2. 세 가지 형태의 복음전도 방식

선교학자들은 복음이 선포될 때 직면하게 되는 문화적, 언어적 장벽을 세 가지 종류로 분류했다.

첫 번째 형태의 복음전도 방식은 자신과 같은 문화 안에 있는 명목상 그리스도인들에게 나누는 방식이다. 이들은 언어와 문화적 배경을 공유할 뿐만 아니라 교회에 가서 복음을 듣고 성경을 읽으면서 성장한 사람들이다. 간단하게 말해서 이들은 "기독교화"된 사람들이지 거듭난 사람들은 아니다. 의사소통이 수월하다는 측면에서 보면 이 형태의 복음전도 방식이 가장 단순하다(그러나 사람들을 메시아 예슈아 안에서 거듭나게 하는 측면에서 이 형태의 방식이 가장 쉬운 것인지에 대한 여부는 또 다른 문제이다).

두 번째 형태의 복음전도 방식은 같은 언어를 공유하고 같거나 비슷한 사회에서 살지만 문화적, 종교적 전제는 매우 다를 수 있는 사람들을 대상으로 하는 전도 방식이다. 교외에 거주하는 중상류층 백인 그리스도인이 도심에 거주하는 구원받지 못한 하층 흑인에게 복음을 전하는 경우와 도심의 흑인 그리스도인이 교외의 구원받지 못한 백인에게 복음을 전하는 것은 모두 이 두 번째 전도 방식에 해당한다. 종교적인 환경이 불교나 신도인 일본에 사는 일본 그리스도인들도 마찬가지 경우이다.

세 번째 형태의 복음전도 방식은 때로는 모든 것이 극복하기 어려워 보이는 문화적, 언어적 장벽을 넘어 복음을 전하는 방식이다. 이러한 방식은 원시 정글 부족에게 사역하는 선교사가 하나님의 은혜를 알리기 위해 언어를 배워서 알파벳을 만들고 성경을 번역하고 야만적인 문화와 물리적 환경과 싸우는 전통적인 선교의 그림으로 잘 전달된다. 마찬가지로 열정적인 한국이나 인도네시아의 그리스도인들이 모든 것에 무관심한 유럽의 청년들에게 복음을 전하는 것도 이 세 번째 방식에 해당한다고 볼 수 있다.

이러한 각 유형들은 "상황화"를 위한 각기 다른 접근 방식이 필요하다. 한 가지 예를 들면, 중요한 신학적 개념을 말로 표현하는 경우를 생각해 보자. 첫 번째 방식에서는 복음을 듣는 사람들에게 깊은 영적 의미를 이해시켜 믿음으로 반응하도록 하기 위해 '죄'나 '중생' 그리고 '구원'과 같은 기독교 용어를 사용할 수 있다. 그러나 두 번째 복음전도 방식에서 그러한 용어는 특정한 종교적 언어여서 사용하기 어렵다. 이러한 개념을 전달하기 위해 비그리스도인 청중들이 알아들을 수 없는 교회의 용어가 아니라 삶의 용어로 전달되어야 한다. 세 번째 복음전도 방식에서는 언어와 문화의 차이로 인해 개념을 설명하기 어렵게 만들 수 있다.

3. 유대인에게는 어느 것이 적합한가?

유대인에게는 이 방식 중에 어느 것이 적합한가? 만약 누군가가 유대인을 두 번째 복음전도 방식의 후보자, 즉 같은 사회에 속해 있고 같은 언어를 사용하는 비기독교 구성원으로 간주한다면, 교회가 참된 복음을 선포하고 있기 때문에 교회가 해야 할 일은 단지 복음을 상황화하는 것뿐이라고 생각할 것이다. 이러한 접근 방식을 취하는 사람들은 사모아인이 그리스도인이면서 사모아인으로 남아 있을 수 있다면 왜 유대인은 그리스도인이면서 유대인으로 남아 있을 수 없냐고 주장할 것이다.

그럼에도 불구하고 복음은 처음부터 유대적이었기 때문에 유대인을 위해 복음을 상황화한다는 것은 무엇인가 이상하고 심지어는 잘못된 것이다. 기독교의 뿌리가 유대적이고 복음 자체가 본질적으로 유대적이라면, 왜 유대인을 위해 복음을 상황화해야 할까?

그 대답은 신약의 복음이 실제로 제대로 선포되고 있다면 그럴 필요가 없다는 것이다. 사실 복음은 이방인들을 위해서 상황화되어야 했다. 이것이 바울의 사역이었다. 이것이 예루살렘 공의회가 이방인들은 그리스도인이 되기 위해 유대인이 될 필요가 없다고 결정한 사도행전 15장의 승리였고 바울이 이방인 신자들을 유대화하려고 했던 베드로와 대립한 갈라디아서 2장의 승리였다. 유대인이 예슈아를 따르기 위해서는 이방인이 되어야 한다는 결과로 이어진 그 이후의 역사는 바울이 신약성경에서 제시한 원칙에서 얼마나 멀리 벗어났는지를 보여 준다. 또한 그것은 그 과정에서 유대적 복음에 매우 이상한 변화가 발생했다는 신호이기도 하다.

그러한 관행은 바울의 원칙에서도 벗어날 뿐 아니라 그의 실천에서도 벗어난다. 바울은 일생동안 유대 관습을 지킨 유대인이었다. 사도행전에 따르면 바울은 디모데에게 할례를 행했고(행 16:3), 규칙적으로 회당에 갔으며(17:2), 유대인의 서원을 하고(18:18), 유대 절기 샤부옷(오순절)을 지키기 위해 서둘러 예루살렘으로 올라갔으며(20:16), 다른 유대인들이 성전에서 제사를 드릴수 있도록 비용을 지불했고(21:23-27), 산헤드린 앞에서 자신은 이전뿐 아니라 지금 이 순간에도 바리새인이라고 진술했으며(23:7), 로마 총독 베스도 앞에서 자신은 "유대인의 율법^{Torah}이나 성전을 거스르는 일을 한 적이 없다"고 말했다(25:8). 마침내 그는 선한 싸움을 싸우고 달려갈 길을 마치고 믿음을 지켰으므로 로마에 있는 유대인들에게 "내가 이스라엘 백성이나 우리 조상의 관습을 배척한 일이 없다"(28:17)라고 말할 수 있었다. 그리고 바울이 말한 "우리 조상의 관습"은 기록된 토라뿐 아니라 유대 전통을 포함하고 있다. 바울에게 이러한 삶이 충분히 선한 것이었다면 오늘날 유대인 신자들에게도 충분히 선한 것이다. 코셔를 지키는 메시아닉 유대인들에게 햄 샌드위치를 권하지 말라.

C. 상황화가 아니라 네 번째 형태의 복음전도 방식

실제로 어떤 유대인이라도 바울처럼 메시아닉(믿는 유대인)이면서 유대인으로 남을 수 있다. 그럼에도 불구하고 이것이 모든 문제를 해결한다고 생각하는 것은 요점을 놓치는 큰 실수이다. 신학적인 이유 때문이다. 사회적인 관점으로 보면 유대 문화는 사모아 문화와 마찬가지로 또 다른 문화일 뿐이다(사실 유대 문화는 다문화이기 때문에 그렇게 간단하지 않다).

그러나 신학적으로 보면 유대인들은 하나님께서 세상에

구원을 가져오는 수단으로 그들을 선택하셨기 때문에 독특하다. 히브리 성경 전체가 신약성경과 마찬가지로 이를 증언한다(요 4:22; 롬 3:2, 9:4-5 참조). 유대인들은 지구상의 어떤 다른 민족에게도 적용되지 않는다는 의미에서 하나님의 백성이다. 이것 때문에 신약성경에는 통행을 위험하게 만드는 바위 지대와 같은 신학적 스킬라 Scyllas와 카리브디스 Charybdis로 가득 차 있다.[6] 어떤 민족이 갈라디아서 3장 28절("유대인이나 헬라인이나")이나 에베소서 2장 11-22절("중간에 막힌 담") 앞에 직면할 수 있을까? 프랑스 그리스도인들이 다른 신자들을 "프랑스화"한다면 누가 교리적인 의문을 제기할까? 그러나 만약 메시아닉 유대인들이 유대화 Judaizing에 참여한다면 조심하라!

유대 민족은 하나의 문화 그 이상이다. 즉 그들은 하나님의 백성이다. 따라서 유대인과 관련된 과제는 복음이 이교적인 역사를 가진 비유대인들에게 전해지는 것 같이 복음을 상황화하는 것이 아니라 하나님의 구원을 전하는 그들의 역사

---

6 역주: 스킬라 Scylla는 그리스 신화에 나오는 머리가 6개인 바다의 여자 괴물이고 카리브디스 Charybdis는 역시 그리스 신화에 나오는 바다의 소용돌이로 의인화한 여자 괴물이다. 유대인들이 하나님의 백성이라는 사실은 성경 해석상에 어려움을 준다는 뜻으로 스킬라와 카리브디스로 가득 차 있다고 표현했다.

와 역할이 성경에서 변하지 않는 한 부분인 유대 민족에게 신학적으로 올바른 복음을 전하는 것이다. 그래서 네 번째 복음전도 방식이 하나님의 백성에게 복음을 전하기 위해서 필요해지는 것이다.

다시 말해, 유대인을 위해 복음을 이방의 형태로 상황화하는 것은 이중 전환이다. 원래 복음은 유대적인 형태였고 이방인을 위해 상황화된 것이다. 이것이 바울이 복음전도 방법에 기여한 큰 공헌이었다. 그러나 그때 초기 메시아닉 유대인 공동체가 어려움을 겪고 사라지면서 원래 복음 안에 존재했던 유대성도 사라졌다. 따라서 유대적 기반이 제거된, 이방인에게 상황화된 복음만이 유일한 복음, 즉 믿는 유대인들이 강제로 누워야 했던 프로크루스테스의 침대Procrustean bed[7]였다. 최근에 유대인 관점이 한번 제거된 복음이 좀 더 유대적으로 보이도록 상황화시키고 재구성하는 작업이 이루어졌다. 그러나 이 이중 적용은 원래의 것과 같지 않다. 두 번 거

---

7 역주: 그리스 로마 신화에서 유래한 말로 프로크루스테스라는 인물이 지나가는 사람을 붙잡아 끌고가 침대에 눕히는데 침대보다 키가 크면 남는 부분을 자르고, 침대보다 키가 작으면 키를 늘려서 죽였다. 여기서 '프로크루스테스의 침대'라는 말이 생겼는데 남에게 해를 입히면서까지 자기 생각에 맞추어 남의 생각을 고치려는 무리한 획일화를 말한다.

울에 비친 사람의 거울 반사체의 모습과 실제 그 사람의 모습은 같지 않다.

네 번째 복음전도 방식에서 필요한 것은 유대인을 위해 상황화된, 이방인의 복음이 아니라 실제로 복음에 나타나 있지만 모호하게 되어버린 유대성을 회복하는 것이다. 더욱이 이방인 그리스도인들에게도 복음의 유대성 회복이 그들에게 가져올 참된 복음의 모습이 필요하다.

그러나 많은 믿는 자들은 복음의 유대성을 회복하고 메시아닉 유대인들에게 그들의 유대적 정체성을 표현하도록 권고하는 것에 대해 불편함을 느낀다. 그들은 이방인 그리스도인들이 하나님 왕국에서 이등 시민으로 느끼게 만드는 엘리트주의가 일어날까봐 두려워한다. 이것은 진짜 함정이며 성경은 메시아의 몸 안에서 유대인과 이방인을 나누는 것에 대해 경고하고 있다. 신약성경은 예수아 안에서 유대인과 이방인이 하나이며, 한 성령으로 한 하나님을 섬기고 있다는 것을 확증해 준다. 따라서 유대인과 이방인뿐 아니라 모든 믿는 자들은 대적에게만 도움이 되는 차별적인 비교를 피하고 함께 동역하게 해야 한다. 모든 메시아닉 유대인들과 이방 그리스도인들이 너무 적게 표현하거나 너무 많이 표현하는 것에 대해 어떠한 정죄감을 느끼지 않고 자신의 삶에서 자신의 의식과 정체성에서 나오는 유대성의 요소를 나타낼 수 있도록 해야 한다. 그리고 각자가 하나님의 인도하심에 마음을 열어, 모든 다른 사람들과 마찬가지로 자신의 삶이 유대인과 이방인 모두의 메시아이신 예슈아의 형상을 점점 더 닮아갈 수 있도록 해야 한다.

엘리트주의와 분열에 대해 경고한 우리는 복음의 유대성 회복을 회복하는 것이 실제로 무엇을 가져오는지 물을 것이다. 이제 이 질문에 우리의 관심을 돌려 보자.

02

복음의 유대성 회복

11

A. 정의

복음의 유대성을 회복한다는 것은 유대인과 관련되어 있는, 그리고 유대 민족과 교회 간의 관계와 관련되어 있는 복음의 내용을 온전히 채우는 것을 의미한다. 다른 말로 하면, 이러한 것들과 관련하여 단지 일부가 아닌 '하나님의 의도 전체'를 제공하는 것을 의미한다.

신학자들이 '회복'에 대해서 이야기할 때 그것이 무엇을 의미하는지 이해하는 것이 중요하다. 우리는 교회가 1세기의 모습으로 회복되는 것을 보기 원한다. 물론 초기 교회 신자들의 열심과 그들의 의로운 삶, 어떤 대가를 치르더라도 메시아 예슈아를 따르고자 하는 자발적인 마음, 성령의 충만함, 기도에 대한 열심, 하나님께서 믿음에 응답하여 기적을 행하시다는 확신과 체험을 회복하는 것은 좋은 일이다. 그러나 우리가 회복해야 할 1세기 신자들의 어떤 외형적인 생활 방식이 있는가? 그들은 받아들였지만 후대의 신자들은 받아들이지 않았던 교리는 있는가? 만약 그렇다면 어떤 것들이 있는가? 그리고 우리는 그것들에 대해 어떤 태도를 취해야 하는가?

나는 1세기 청중들이 신약성경의 본문을 이해하고 그들의 삶의 상황에 적용했던 것처럼 우리가 신약성경의 본문을 이해하기 위해 최선을 다해 노력하는 것부터 시작해야 한다고 생각한다. 그러나 나는 복음을 같은 방식으로 적용해야 한다고 생각하지 않는다. 왜냐하면 그것은 1세기 신자들의 삶의 상황으로 되돌아가는 것을 의미하며, 설사 그것이 바람직하다 하더라도 시간을 되돌릴 수 없기에 불가능하다. 오히려 우리는 성경을 올바르게 이해한 다음 우리 자신의 상황에 적절한 방식으로 적용해야 한다.

위의 단락들은 새로운 철학을 말하는 것이 아니다. 그것들은 신약성경에 있는 명령을 문자적으로 적용해야 하는지 아니면 기록된 계명 이면에 있는 일반적인 원리들을 찾아야 하는지를 묻는 익숙한 접근 방식을 말하는 것이다. 예를 들어, 고린도전서 11장 2-16절은 오늘날 여자가 모임에서 머리에 무엇을 써야 하는지에 대한 말씀인가? 아니면 이 요구 사항은 단지 1세기의 삶의 상황에서만 관련되어 있어서 현재의 기준에 따라 단정하게 옷을 입으라고 현대적으로 적용해야 하는가?

나는 이러한 것들에 대해 논의하자고 제안하는 것이 전혀 아니다. 오히려 유대적 복음의 회복 문제를 제기하면서, 1세기의 믿는 자들에게는 명백했지만 수 세기 동안 무시되어 보이지 않았던 복음의 측면들에 대해 주의를 환기시키고자 한다.

B. 신학과 역사에서 교회와 이스라엘

이스라엘, 유대 민족 그리고 교회 이 세 가지 실체로 시작하여 이들의 관계가 무엇인지 물을 것이다. 우리는 이 문제를 신학적으로 그리고 역사적으로 살펴봐야 한다. 신학은 우리에게 진정한 관계, 즉 "하늘에" 있는 일들을 보여 줄 것이고 역사는 이 땅에서 무슨 일이 일어났는지 보여 줄 것이다. 그 때 우리는 무엇을 해야 하는지 더 잘 생각해 볼 수 있을 것이다.

1. 세 가지 신학 : 언약신학, 세대주의 그리고 "올리브 나무"

기독교 신학자들은 이 주제를 다룰 때 보통 두 가지 접근 방법 중에 하나를 따른다. 비록 요즘은 다른 이름으로도 나타나고 있지만, 더 오래되고 잘 알려진 것은 일반적으로 대체신학이나 언약신학으로 불린다. 그것은 교회가 하나님의 백성으로서 '옛' 이스라엘(유대인)을 대체한 '영적' 이스라엘이나 '새' 이스라엘이라고 말한다. 최근에는 개신교에서는 세대주의 신학이 발전했는데, 이것은 더 극단적인 형태로 유대 민족은 단지 이 땅에서만 약속을 가지고 있고 교회는 하늘에 약속을 가지고 있다고 말한다. 우리는 이러한 접근법에 대해 자세히 논의하지는 않겠지만, 결론은 둘 다 지나치게 단순화되고 그 과정에서 명백한 반유대주의적인[1] 결론[2]에 도달하게 된다.

다음 분석은 지난 2천년 동안 진행되어온 교회와 유대민족의 분리가 완전히 하나님의 뜻에 벗어난 끔찍한 실수이며 세계 역사상 최악의 분열이라는 것을 보여 줄 것이다. 그런

---

1 서문 각주 1을 보라.
2 이 두 가지 신학 접근법에 대한 메시아닉 유대인의 분석을 알려면 Dan Juster의 *Jewish Roots* (2208 Rockland Ave., Rockville, Maryland 20851: Davar Publishing Co., 1986), pp. 43-45를 보라.

다음 그러한 실수를 바로잡고, 유대교에서 말하는 티쿤 하올람$^{tikkun-ha'olam}$, 즉 말 그대로 '세상을 고치는 일'에 온전히 헌신하는 것이 우리의 과업이라는 것을 알게 될 것이다. 유대 전통에 따르면 이러한 활동은 메시아의 오심을 당긴다. 이것은 베드로가 예슈아를 믿는 자들에게 하나님의 날이 속히 오기를 앞당기라고 권유하는 것과 일치한다.[3] 나는 이 접근 방식을 로마서 11장 16-26절에서 바울이 이방인 그리스도인들에게 말한 비유를 따라 "올리브 나무 신학"이라고 부른다.

> [16] 제사하는 처음 익은 곡식 가루가 거룩한즉 떡덩이[4]도 그러하고 뿌리가 거룩한즉 가지도 그러하니라 [17] 또한 가지 얼마가 꺾이었는데 돌감람나무인 네가 그들 중에 접붙임이 되어 참감람나무 뿌리의 진액을 함께 받는 자가 되었은즉 [18] 그 가지들을 향하여 자랑하지 말라 자랑할지라도 네가 뿌리를 보전하는 것이 아니요 뿌리가 너를 보전하는 것이니라 [19] 그러면 네 말이 가지들이 꺾인 것은 나로 접붙임을 받게 하려 함이라 하리니 [20] 옳도다 그들은 믿지 아니하므로 꺾이고 너는 믿으므로 섰느니라 높은 마음을 품지 말고 도리어 두려워하

---

3 베드로후서 3:12.
4 이 책 뒤에 있는 '히브리어 단어와 이름 해설'에서 '할라'$^{chal\cdot lah}$를 보라.

라 ²¹ 하나님이 원 가지들도 아끼지 아니하셨은즉 너도 아끼지 아니하시리라

²² 그러므로 하나님의 인자하심과 준엄하심을 보라 넘어지는 자들에게는 준엄하심이 있으니 너희가 만일 하나님의 인자하심에 머물러 있으면 그 인자가 너희에게 있으리라 그렇지 않으면 너도 찍히는 바 되리라 ²³ 그들도 믿지 아니하는 데 머무르지 아니하면 접붙임을 받으리니 이는 그들을 접붙이실 능력이 하나님께 있음이라 ²⁴ 네가 원 돌감람나무에서 찍힘을 받고 본성을 거슬러 좋은 감람나무에 접붙임을 받았으니 원 가지인 이 사람들이야 얼마나 더 자기 감람나무에 접붙이심을 받으랴

²⁵ 형제들아 너희가 스스로 지혜 있다 하면서 이 신비를 너희가 모르기를 내가 원하지 아니하노니 이 신비는 이방인의 충만한 수가 들어오기까지 이스라엘의 더러는 우둔하게 된 것이라 ²⁶ 그리하여 온 이스라엘이 구원을 받으리라 기록된 바 구원자가 시온에서 오사 야곱에게서 경건하지 않은 것을 돌이키시겠고

2. 역사에서 교회와 이스라엘: 초기 시대

42-43쪽 그림 1은 역사적으로 발전해온 '경작된 올리브

나무'의 모습을 보여 준다. 그림 2는 올리브 나무의 단면을 보여 주며 다양한 시점에서 유대 민족과 교회의 관계를 보여 준다. 하나님이 경작하신 올리브 나무는 이스라엘이다. 그 뿌리는 족장 아브라함, 이삭, 야곱이다.[5] 이 뿌리에서 유대 민족이 자랐다. 반면 이방인들은 농부 하나님이 특별한 관심을 기울이지 않은 야생 올리브 나무(돌감람나무)였다. 바울은 그들이 "그 때에 너희는 그리스도 밖에 있었고 이스라엘 나라 밖의 사람이라 약속의 언약들에 대하여는 외인이요 세상에서 소망이 없고 하나님도 없는 자이더니"[6]라고 기록한다. 그림 2A는 예슈아가 사역하실 때까지 만연했던 이러한 상황을 보여 준다(기원후 25년).

예슈아가 오셨을 때 그는 전형적인 인간이자 전형적인 유대인으로서 나무의 중심에, 유대 민족의 중심에 계셨다. 그

---

[5] "어떤 사람들은 *e riza*('뿌리'라는 뜻의 그리스어)를 그리스도를 가리키는 것으로, 또 어떤 사람들은 유대인 그리스도인들을 가리키는 것으로 받아들이지만 주석가들은 그것은 틀림없이 족장들을 가리키는 것이라고 일반적으로 동의한다…"(C. E. B. Cranfield, *Romans* (*International Critical Commentary*); Edinburgh: T. & T. Clark, Ltd., 1981; volume 2, p. 565). 올리브 나무와 그 뿌리를 기원전 1세기 유대 문헌인 에녹서 93:5 "그리고 아브라함의 후손은 영원히 의의 나무가 될 것이라"와 비교하라.

[6] 에베소서 2:12.

는 주변에 유대인 제자들을 모으셨다. 그는 죽으시고 무덤에서 부활하시고 하늘로 승천하셨다. 메시아닉 유대인 공동체는 백이십 명(행 1:15), 삼천 명(행 2:41) 오천 명(행 4:4) "그리고 수가 더 많아지면서"(행 9:31) 계속해서 성장해 나갔다. 그림 2B(기원후 35년)을 보라.

믿지 않는 유대인들은 메시아닉 유대인들을 적대했고 그들을 중심에서 밀어냈다(행 4-9, 12장). 한편 이 메시지는 이방인들-고넬료(행 10장)와 안디옥 지역(행 11장)-에게 퍼져 나갔다. 그림 2C(기원후 50년)을 보라.

예루살렘에만 "율법에 열심인… 수만 명"[7]의 메시아닉 유대인이 있었지만, 바울의 선교 여행(행 13-28장)과 다른 선교 활동으로 곧 이방인이 교회의 다수가 되었다. 그럼에도 불구하고 믿는 유대인들은 여전히 유대 공동체의 일원으로 유대 민족에게 받아들여졌다(그림 2D, 기원후 70년).

그러나 바울이 로마서를 쓸 당시에는(기원후 57년경) 대부분의 유대인들이 예슈아를 메시아로 받아들이지 않은 것이 분명했다. 바울은 그들을 잘려진 올리브 나무 가지라고 불렀다. 그러나 바울은 믿는 이방인들에게 올리브 나무에 접붙임 받은 것을 지나치게 자랑하지 말고, 잘려진 가지보다 더 낫다고

---

[7] 사도행전 21:20.

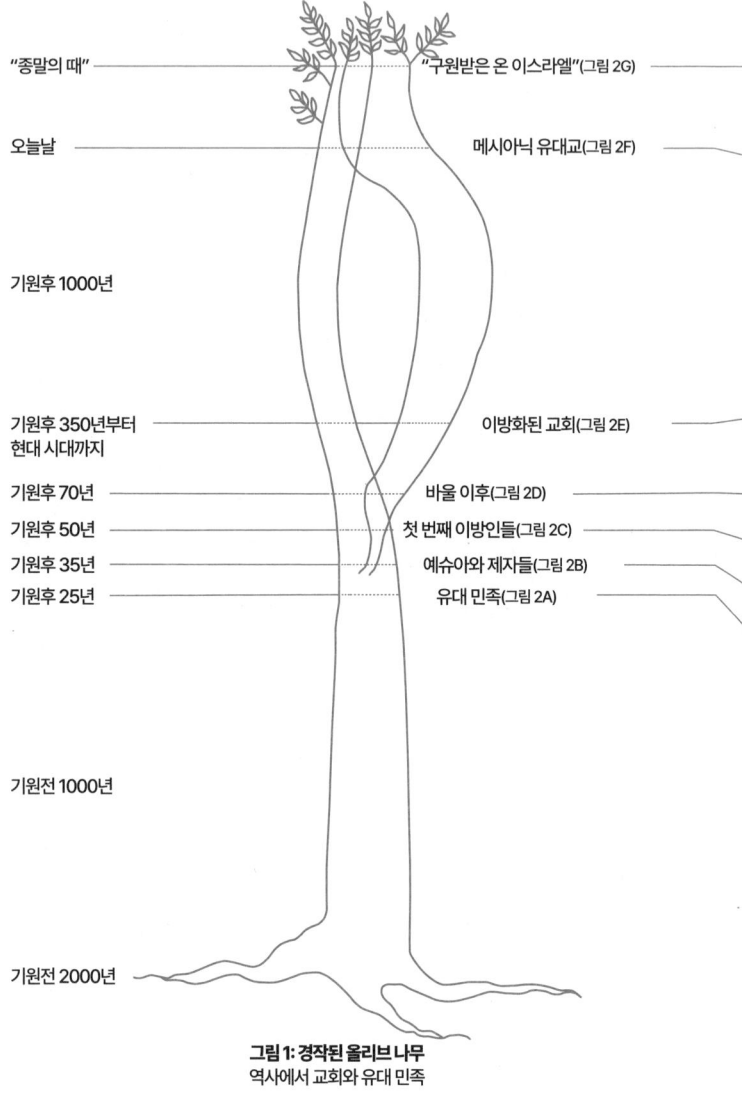

그림 1: 경작된 올리브 나무
역사에서 교회와 유대 민족

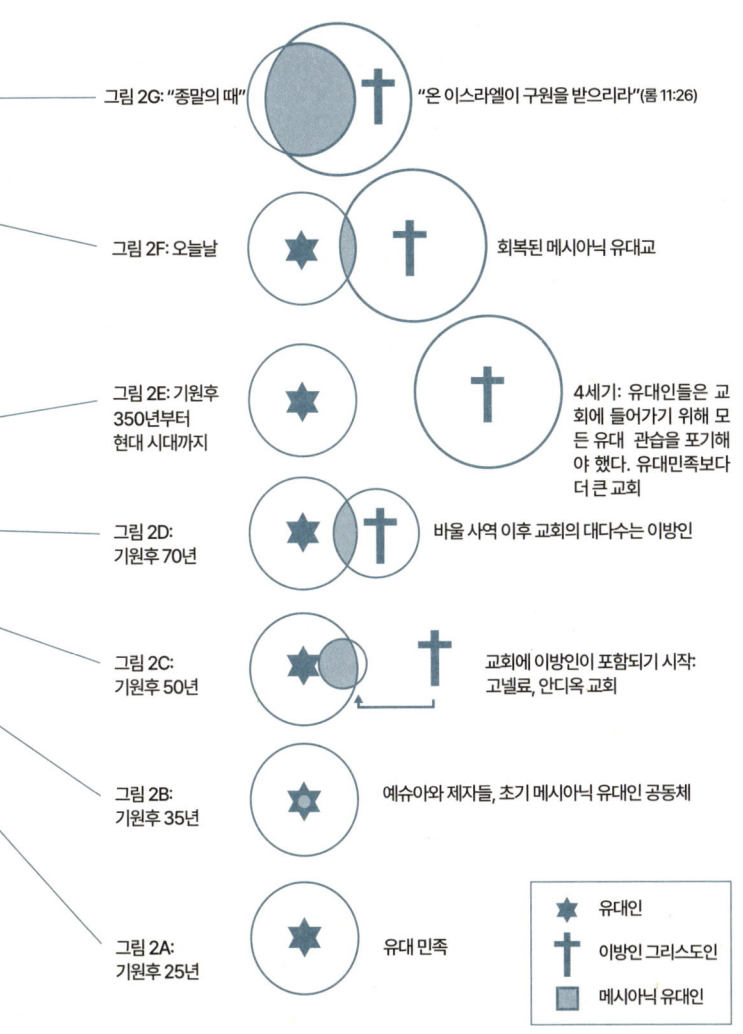

그림 2: 올리브 나무 단면
역사의 특정 시점에서 교회와 유대 민족

생각하지 말라고 경고했다. 왜냐하면 그들의 지위는 오직 믿음에 의해서만 유지되며, 믿음이 없으면 그들도 잘려 나갈 것이기 때문이다. 반대로 잘려진 가지(믿지 않는 유대인들)는 믿음으로 다시 접붙임을 받을 수 있다. 농업의 관점에서 볼 때 다른 가지보다 나무의 원가지가 더 잘 접붙여지며 원가지에서 나온 열매가 야생 가지에서 나온 것보다 더 좋을 것으로 기대한다(그러나 하나님은 인간의 기대에 매이지 않으신다). 바울에게 중요한 것은 이 자연 가지들이 실제로 "이방인의 충만한 수가 들어올 때" 다시 접붙임을 받을 것이라는 점이다.

시간이 흐르면서 믿는 유대인들의 상황은 큰 변화를 겪었다. 로마에 대항한 첫 번째 유대 항쟁을 앞두고 로마군이 몰려오자 메시아닉 유대인들은 예슈아의 예언을 떠올렸다.

> "너희가 예루살렘이 군대들에게 에워싸이는 것을 보거든 그 멸망이 가까운 줄을 알라 그 때에 유대에 있는 자들은 산으로 도망갈 것이며 성내에 있는 자들은 나갈 것이며 촌에 있는 자들은 그리로 들어가지 말지어다."[8]

---

8 누가복음 21:20-21.

그들은 성전이 파괴되고(기원후 70년) 로마에서 백만 명 이상(유대인 역사가 요세푸스의 기록에 따른 것이지만 다른 통계는 더 적다)의 유대인이 학살당하는 것을 피해 펠라시로 도망쳤다. 반란을 주도한 열심당원들은 메시아닉 유대인들의 이러한 태도 때문에 그들을 반역자로 간주했다.

두 번째 유대 항쟁 동안(기원후 132-135년) 믿는 유대인들은 처음에는 순응했지만 랍비 아키바가 유대인 군사 지도자 시몬 바르 코크바를 메시아로 선언하자 그들은 더 이상 협력할 수 없었다. 그들은 메시아가 예수아라는 것을 알았기 때문에 다른 이에게는 충성할 수 없었다. 이 역시 반역죄로 낙인찍혀, 유대인 공동체는 그들에 대해 증오의 마음을 품게 되었다.

기원후 90년경 회당 전례에 비르카트 하미님*(*Birkat-HaMinim*, 일반적으로 믿는 유대인을 말하지만 사두개파, 유대교 영지주의자, 기타 종파의 일부를 포함하는 종파주의자에 대한 축도)[9]—이

---

9 이 축도는 실제로는 저주 기도이다. 세파라드 기도서에는 이렇게 적혀 있다.

> 비방하는 자들에게는 희망이 없게 하시고, 모든 미님들(*Minim*, 위에서 언급한 메시아닉 유대인을 포함한 종파주의자들)은 즉시 멸망하게 하시며, 우리 민족의 모든 대적들은 속히 끊어지게 하소서. 오만한 자들을 속히 뿌리 뽑고 부수며 던져버리소서. 우리 시대에 속히 그들을 파괴하시고 낮추시며 겸손하게 하소서. 원수를 꺾으시고 오만한 자

추가되면서 정치적 긴장 외에 종교적 긴장도 있었다. 그 결과 예슈아를 믿는 자들은 믿지 않는 유대인 공동체에서 점점 더 배제되었다.

더욱이 이방인 기독교 입장에서는 믿는 유대인들이 유대인의 관습과 정체성을 고수한다면 그들의 신앙의 정통성은 면밀히 조사를 받아야 된다고 보았다. 이방인 그리스도인 순교자 저스틴이 쓴 『유대인 트리포와의 대화』(기원후 160년경)를 보면 유대인의 특징을 간직한 메시아닉 유대인에 대한 관용이 제한되어 있음을 알 수 있다.[10]

를 낮추시는 전능하신 주여, 당신을 송축하나이다.

10 Justin Martyr, "Dialogue With Trypho, A Jew" in Alexander Roberts and James Donaldson, editors, *The Ante-Nicene Fathers* (Grand Rapids, Michigan: Wm. B. Eerdmans Publishing Company, 1975), Volume I, pp. 194-270. 다음 내용은 Section xlvii(218쪽)에서 가져온 것이다.

> 만일 어떤 사람들이 마음이 약해서 모세가 준 제도를 지키고자 한다면, 그들은 그 제도에서 어떤 미덕을 기대하지만, 우리는 그것이 사람들의 마음의 완악함과 그리스도에 대한 소망 때문에 제정되었다고 믿는다. 그리고 그들이 영원하고 자연스러운 의와 경건의 행위를 하고자 한다면, 내가 앞에서 말한 것처럼 그들이 자신들처럼 할례를 받거나 안식일을 지키거나 그와 같은 다른 의식을 지키도록 권유하지 않는다는 조건하에서, 내가 앞에서 말한 것처럼 나는 우리가 그런 사람들과 의와 경건을 행하는 일에 연합할 뿐 아니라 모든 일에서 그들과 가족과 형제로 함께 할 수 있다고 생각한다.

그는 유대주의자들Judaizers을 인정하지 않았지만 유대 관습을 지키는 이방인 신자들은 구원받을 것이라고 믿었다. 그러나 "어떤 이유로든

하지만 기독교가 로마의 국교가 된 후인 4세기 초, 구원받지 못한 많은 이방인들이 제도권 교회 안으로 들어왔다. 교회는 전 세계 유대인 인구보다 훨씬 더 큰 규모로 성장했고, 완전히 이방화되어 유대성을 유지하고자 하는 유대인 신자들을 거의 이해하지 못했다. 따라서 유대인과 메시아닉이라는 두 가지 정체성 모두를 공개적으로 표현하는 것이 불가능해졌다. 유대인 메시아를 받아들이고자 하는 유대인들은 자신의 민족을 떠나 교회로 넘어가야 했다(그림 2E, 기원후 350년). 예슈아를 믿게된 유대인들은 그들이 승인해야 했던 성명서에서 볼 수 있듯이 유대 문화와 유대 민족에서 완전히 분리되어야 했다(21-22쪽 참조).

이 조잡한 고백은 4-5세기 광신주의에 가까운 극단적인 형태로 수백 년 동안 교회에서 지속되어 온 태도의 대표적인 사례이다. 스페인 종교 재판소는 유대인 출신의 카톨릭 신자들이 유대적 관습을 지키는지에 대한 여부를 면밀히 조사했다. 유대인에 대한 이방인의 혐오감에서 기독교 박해-십자군, 종교 재판, 포그롬,[11] 나치 독일-가 시작되었다. 악의든

　　율법 체제로 돌아가려고 하거나, 예슈아가 그리스도라는 것을 부인하거나, 죽을 때까지 회개하지 않는 사람들은 결코 구원받지 못할 것이다."
11　역주: 19세기 말과 20세기 초 러시아에서 일어난 유대인 학살 사건을

선의든 기독교의 개입이 있었다. 유대인들에게 잊을 수 없는 엄청난 고통과 수치심을 준 추악한 기독교의 유대인 박해는 모든 기독교들인이 이로부터 교훈을 배울 때까지 잊혀져서는 안된다.

매우 최근까지도 유대 민족과 교회는 메시아닉 유대교가 설 자리가 없이 분리된 채로 남아 있었다. 교회에 대한 경험이 대부분 부정적이었던 대다수의 유대인들과 자신의 신앙이 유대 민족과 관련되어 있다는 것을 이해하지 못한 대다수의 기독교인들은 그렇게 분리된 채로 지내길 원했다.

3. 올리브 나무 신학

경작된 올리브 나무가 두 개로 분리된 하나님의 백성으로 나누어진 이 비극적인 분열의 역사적 전개는 잠시 접어 두고, 올리브 나무의 확장된 은유의 신학적 함의가 무엇인지 살펴보자. 경작된 나무는 하나뿐이다. 이것은 두 개가 아닌 오직 하나의 이스라엘만 있다는 뜻이다. 야생 가지(이방인)는 메시아를 믿는 믿음으로 접붙임되어 "그리스도의 피로 가까

말한다. 러시아 판 홀로코스트이다.

워"[12]졌으므로 이제 이스라엘 연방the commonwealth of Israel에 속하게 되었다. 그러나 그들은 대체신학이 말하는 것처럼 새 이스라엘이 아니다. 유대인 신자와 이방인 신자가 함께 새 이스라엘을 구성하는 것도 아니다. 왜냐하면 잘려진 가지 역시, 비록 그것들에게 나무의 살아있는 수액이 흐르지 않더라도 여전히 이스라엘로 식별될 수 있기 때문이다. 하나님은 기적적으로 그들을 보존하고 계시므로 잘려진 가지가 보통 그렇듯이 말라죽지 않고 믿음으로 다시 접붙여질 수 있다. 따라서 구원받지 못한 유대인(잘려진 원가지), 구원받은 유대인(나무에 붙어있는 원가지), 이방인 신자(접붙여진 야생 가지) 각각은 하나의 이스라엘에 지속적으로 참여하는 고유의 실체이다. 이스라엘과 교회에 대한 올바른 신학을 위해서는 이 사실을 고려해야 한다.

땅에서는 유대인을 위한 약속이, 하늘에서는 교회에 대한 약속이 분리되어 있다라는 것은 '올리브 나무' 본문에서도 그리고 성경 어디에도 단 한마디도 언급되어 있지 않다. 그러나 하나님은 두 종류의 약속을 하셨다. 개인의 구원과 관련된 약속에는 유대인도 이방인도 없고(갈 3:28), 그들 사이에 차별이도 없으며(롬 10:12), 중간에 막힌 담도 없다(엡 2:14-19).

---

12 에베소서 2:13.

21-22

반면에 유대 민족인 이스라엘에 대한 약속은 여전히 남아 있다. 그러나 특정 이방 국가들에 대한 약속도 있다는 점은 주목할 만한 가치가 있지만 이 약속에 이방 국가들이 집단적으로나 이방 신자들이 개인적으로 공유할 수 있는 직접적인 몫은 없다(예를 들어, 이사야 19:24-25은 하나님께서 이스라엘과 함께 이집트와 앗수르를 축복하셔서 그 나라에 속한 이방인 신자들도 그러한 축복을 경험하게 될 것이라는 확신을 준다).

이스라엘 연방의 현재 상황을 보면, 많은 이방 국가들의 이방인 신자들은 유대인 메시아를 인정하지만 이스라엘의 대다수 사람들은 인정하지 않는다. 가령 캐나다, 인도, 나이지리아, 호주 및 기타 영국 연방 국가의 시민들은 엘리자베스 2세를 그들의 여왕으로 인정하지만 영국 정부뿐만 아니라 대부분의 영국민들은 그렇지 않다고 가정해 보자. 이러한 상황에서 영국이 더 이상 영국 연방의 일원이 아니라고 말하는 것은 잘못된 것이다. 실제로 영국은 여전히 동등한 회원국 중에 중심적인 회원국이다. 또한 엘리자베스가 여왕이 아니라는 영국인들의 주장에 동의하는 것도 잘못된 것이다. 오히려 영국인 개개인과 영국 정부 기관 모두가 실제로 여왕인 엘리자베스 2세를 존중하도록 설득하는 수밖에 없다.[13]

---

13 나는 이 비유를 Daniel Juster의 *Growing To Maturity*, 253-254쪽에서

4. 역사에서 교회와 이스라엘: 현대 시대

미래에는 "온 이스라엘이 구원을 받을 것이다." 타나흐 Tanakh, 구약에서, 소위 히브리적 사고 방식에서 집단을 지칭할 때 콜 kol, 모두이라는 단어는 그 집단을 구성하는 모든 개체를 의미하는 것이 아니라 주요 부분, 본질적인 부분, 상당한 다수를 의미한다. 따라서 나는 "온 이스라엘"이 구원받는다고 할 때, 그것은 모든 유대인들이 예슈아를 믿는다는 것이 아니라 유대 국가에서 믿는 자가 다수가 되거나 믿음이 확립된다는 말이다. 모세의 비유를 사용하자면, 메시아닉 유대인은 "머리가 되고 꼬리가 되지 않을" 것이다.[14] (그림 2G 참조).

나는 우리 시대에 메시아닉 유대인 공동체가 다시 나타나는 것은 하나님께서 모든 이스라엘을 구원하시는 과정에서 중요한 단계라고 믿는다. 42-43쪽에서 그림 2G가 궁극적인 목표이고 그림 2E가 최근까지 실제로 존재했던 상황을 보여준다면, 그림 2D는 고대의 역사적 단계를 묘사할 뿐 아니라 그림 2F가 보여 주는 현재와 가까운 미래의 상황이 닮아 있어 우리가 과거를 회복하기 시작했음을 보여 준다. 예슈아를

가져왔다.
14 신명기 28:13.

믿는 유대인이 자신을 유대인인 동시에 메시아닉으로 인지하고, 사회적으로 인정받을 수 있는 방식으로 자신의 정체성을 표현하는 것이 다시 한번 가능해졌다. 이것은 지난 300년 동안 역사적으로 서구의 정치와 경제 그리고 사회 생활에서 자유가 크게 성장했기 때문이며, 이러한 현상은 인류를 향한 하나님의 사랑을 분명히 보여 주는 것이다. 이전에는 이 작은 소수의 무리가 두 개의 매우 큰 대립적인 사회적 실재 모두에 속한 일부라고 주장함으로써 이 두 사회적 실재에 근본적인 변화를 가져올 것이라고 기대할 수 없었다. 그러나 오늘날 다원적 국가에서는 이러한 터무니없이 불가능해 보이는 일(세상의 기준으로는 불가능하지만 하나님의 기준으로는 가능한)을 시도할 수 있는 자유가 보장된다. 정치적 자유가 커지면서, 1718년에 이미 존 톨랜드(John Toland)는 그의 책 『나사렛 사람』(Nazarenus)[15]에서 "유대인 출신의 기독교인들"은 율법을 지켜야 한다고 제안할 수 있었다. 경제적 자유가 커지면서, 19세기 영국에서 히브리 기독교 운동은 별다른 장애없이 발전할 수 있었다. 통신의 발전과 함께 사회적 자유가 커지면서, 오늘

---

15 John Toland, *Nazarenus*, 1718; David Rausch, *Messianic Judaism: Its History, Theology and Polity* (New York and Toronto: The Edwin Mellen Press, 1982), pp. 51-54와 Hugh Schonfield, *The History of Jewish Christianity* (London: Duckworth, 1936), pp. 205-208에서 인용되었다.

날 우리는 메시아닉 유대교가 교회와 유대 민족 사이의 분열을 치유하려는 목표를 달성하는 데 성공할 수 있을 것이라고 기대할 수 있게 되었다.

우리가 앞서 말한 티쿤 하올람*tikkun-ha'olam*을 수행하는 것은 메시아닉 유대인들과 이에 공감하는 이방인 그리스도인들의 임무이다. 이들은 유대인 메시아 예슈아를 믿는 같은 믿음으로 인해 유대 민족과 교회가 분리된 하나님의 두 백성으로 분열되어 발생하게 된 피해를 회복하기 위해 함께 일할 수 있는 사람들이다. 유대 민족이 유대인 메시아이신 예슈아를 이해하고 신뢰하게 될 때만이 유대 민족의 오랜 목표가 성취될 수 있다는 사실을 강압이나 속임이 아닌 자유롭고 자발적으로 이해하도록 해야 한다. 교회는 어떠한 형태의 명백하거나 은밀한 반유대주의나 냉담함이 사라지고 유대 민족과의 친밀한 연합이 이루어질 때에만 교회의 목표가 성취될 것이라는 사실을 강압이나 속임이 아닌 자유롭고 자발적으로 이해하도록 해야 한다.

이보다 더 원대한 목표가 있을 수 있을까? 우리는 온 이스라엘이 구원받을 것이라는 바울의 예언이 성취되는 방향으로 역사의 흐름이 움직이고 있는 흥미로운 시대에 살고 있다. 그리고 우리가 그 목표를 달성하려고 노력하기 위해서는 이스라엘과 교회의 관계에 대한 올바른 이해를 갖는 것이 반드시 필요하다.

C. 복음은 개인적일 뿐 아니라 집단적이다

복음은 개인에게만 관련되어 있는 것이 아니라 집단적인 측면도 있다. 유대인에게 복음을 전하는 것이 옳다는 것을 이해하는 그리스도인들은 종종 개인에게만 초점을 맞추고 유대 민족을 집단적으로 다루지 않기 때문에 부적절한 복음을 제시한다. 내 생각에는 개인만을 위한 복음은 유대인뿐만 아니라 이방인에게도 적절하지 않다.

무엇이 개인을 위한 복음인가? 서문에서 제시한 바와 같이, 신약성경에서 복음에 대한 가장 완전한 진술은 로마서 1-8장에 있지만 모든 핵심적인 부분은 타나흐*Tanakh, 구약*에서 찾아 볼수 있다. 1-3장은 각 사람이 죄를 지었고 하나님께 합당하게 순종하지 못하여(왕상 8:46, 전 7:20), 그 죄가 사람과 하나님 사이에 담을 쌓았고(사 59:1-2), 죄에 대한 형벌은 사망이요(창 2:17), 누구도 자신의 노력으로 하나님과의 관계를 회복할 수 없으며(시 143:2, 사 64:5-6), 오직 하나님은 메시아 예슈아를 죄에 대한 속죄 제물로 바치시는 자신의 주권적인 행위를 통해 개인과 하나님 사이의 간격을 메우고 교제를 회복하셨다고 말한다(사 52:13-53:12). 4-6장에서는 하나님과의 개인적인 관계를 회복하기 위해 사람이 해야 할 일은 하나님을 신뢰하고, 하나님이 예슈아를 통해 이미 자신을 위해 행하신 일을 인격적으로 받아들이는 것이라고 설명한다(창세기 15:6). 이어서 7-8장은 신약성경에서 분명히 말하고 있는 것처럼 단지 어떤 사실에 대한 지적인 동의가 아니라 마음에서 우러나오는 신뢰(약 2:14-26)가 그 안에 계시는 성령의 능력으로 말미암아 하나님을 기쁘시게 하기를 소원하고 그러한 것을 행할 수 있게 할 것이라고 덧붙인다.

개인의 행복을 추구할 권리가 두 세기 이상 동안 사실상 자연법(독립 선언문에서는 "양도할 수 없는 권리"라고 불렀다)으로 간주되었던 미국에서는 작은 소책자 안에 개인을 위한 복음이 네 개나 다섯 개의 "영적 법칙"으로 편리하게 제시되어 있다. 이것이 복음의 모든 것이라고 생각할 수도 있다. 그러나 구원은 개인에게뿐만 아니라 공동체에게 있어서도 함께 이루어가는 것이다. 히브리 성경에서 예슈아(구원, 해방)라는 단어를 연구해 보면 구원이 단지 개인만을 위한 것이 아니라는 것을 알 수 있지만 개인의 구원은 분명히 구약 메시지의 일부이다.[16] 그럼에도 불구하고 유대 민족 전체의 구원에 대한

---

16 시편 51:12을 보라.

관심을 떠나 유대인 개인에 대한 구원은 타나흐에서 찾아볼 수 없다. 오히려 구원에 대한 논의의 대부분은 유대 민족 전체의 온전함과 거룩함에 초점을 맞추고 있다. 예를 들어, 신명기에서 사형이나 파문에 대해 "너희 중에 악을 제하기 위해"라는 말씀이 자주 나오는 것이 이를 증언한다.[17]

대부분의 유대인들은 민족 의식이 강하기 때문에 사천 년의 공동체 역사를 가진 유대 민족에게[18] 개인적인 복음은 민족적이고 보편적인 열망에 직접적으로 와닿지 않기에 이기적이고 부적절해 보인다. 평균적으로 유대인들은 대부분의 개인주의적인 서구인들보다 더 공동체적으로 살아간다. 내가 유대인의 공동체성을 언급하는 것은 신약성경은 한 몸이

---

17 여호수아 7장의 아간 이야기를 참조하라.
18 Mordechai M. Kaplan, *The Greater Judaism In The Making* (New York: The Reconstructionist Press, 1960), 특히 색인에서 "Jewish peoplehood" 항목 아래에 있는 페이지를 참조하라. 다음은 30-31쪽의 내용이다.

"유대 민족은 다른 어떤 고대 민족보다 더 강렬하고 영속적인 민족 의식을 가지고 있는 것 같다. … 유대인 어린이에 대한 전체 교육은 유대 민족을 다룬 글에만 국한되어 있다. 그 교육의 주요 목적은 이스라엘과 이스라엘의 하나님에 대한 충성과 헌신을 키우고, 유대 민족의 일원으로서 그가 알아야 할 사실과 수행해야 할 의무를 가르치는 것이다. [예배에서 하나님과의 교통]은 나-너의 관점이 아니라 우리-너의 관계에 관한 것이다. '우리'는 하나님이 그분을 온 세상에 알리기 위해 선택하신 유대 민족이다."

되라고 선포하는데 정작 교회는 그렇지 못하기 때문이다. 실제로 교회는 유대 민족에게 서로를 돌본다는 것이 무엇을 의미하는지 배울 수 있고 또 배워야 한다.

이 생각을 다른 말로 표현하면, 나와 하나님과의 개인적인 관계는 직접적이지만 홀로 독립적인 것이 아니라 다른 사람과의 관계와도 밀접하게 연결되어 있다. "모든 민족과 족속과 백성과 방언"[19]에 속한 사람들과 함께 연결되어 있다는 것을 무시하는 복음은 지나치게 단순화시킨 도피적인 복음이다. 인간은 섬이 아니며 그 자체로 완전하지 않다." 성경적 종교는 연꽃처럼 홀로 떠서 수행하는 종교가 아니다. 지나치게 내면으로 향하는 복음은 많은 유대인들과 같이 사회의 공공선에 더 많은 관심을 기울이는 사람들을 끌어들이는 데 실패할 뿐 아니라 하나님의 관심사를 온전히 대변하지도 못한다.

문화와 종교의 배경이 달라도 구원을 받아야 하는 이방인들에게는 복음의 개인적인 측면이 핵심적인 부분이라고 주장할 수 있다. 이것이 이방인의 사도인 바울이 이 점을 그토록 강조한 이유이기도 하다. 마찬가지로 복음의 개인적인 측면은 유대인 공동체에 잘 참여하지 않는 동화되었거나 어려

---

19 요한계시록 7:9.

움을 겪고 있는 유대인의 마음에 적절하게 다가갈 수 있다. 그러나 민족적 소속감을 강하게 느끼는 유대인들 그리고 사회적인 문제에 관심을 많이 가지고 있는 적지 않은 이방인들도 복음의 공동체적인 측면을 들어야 한다. 그렇지 않으면 복음을 얄팍한 것으로 치부하고 예슈아를 따르지 않을 수 있다. 또한 개인의 행복에 관심이 있는 사람들이라도 복음의 공동체적인 측면을 들어야 한다. 사실, 구원의 주된 측면은 이기적이고 자기 중심적인 삶의 방식에서 벗어나 타인을 향한 하나님의 삶의 방식을 받아들이는 것이기 때문에 복음의 공동체적 측면이 더욱더 필요하다.[20] 따라서 공동체적이고 사회적인 요소가 결여되어 있는 복음은 누구에게도 "하나님의 온전한 뜻"[21]이 될 수 없다.

D. 예슈아는 이스라엘 백성과 동일시된다

복음에 개인적인 측면과 동시에 공동체적인 측면이 있다는 것에 대해 생각해보는 흥미로운 방법은 바로 메시아이신 예슈아가 그의 백성 이스라엘을 대표하고 그들과 친밀하게 동

---

20 레위기 19:18, 빌립보서 2:1-11.
21 사도행전 20:27.

일시되는 방식을 숙고해 보는 것이다. 예슈아를 믿는 개인이 그분과 연합하여 그분의 죽음과 부활을 포함한 예슈아의 모든 것으로 잠겨(세례를 받아), 죄의 본성은 죽고 성령의 능력으로 새로운 본성이 살아나는 것으로 간주된다. 메시아와의 이러한 친밀한 동일시가 개인에게 적용되는 것처럼, 마찬가지로 메시아는 이스라엘과 동일시되며 이스라엘을 구현한다.

신약성경에서 이 개념은 예슈아가 애굽으로 내려가신 것에 대해 말하고 있는 마태복음 2장 15절에서 처음 발견된다. "이는 주께서 선지자를 통하여 말씀하신 바 '애굽으로부터 내 아들을 불렀다' 함을 이루려 하심이라." 이 구절에서 인용된 말씀은 호세아 11장 1절이다. 그러나 문맥상 선지자 호세아는 미래의 메시아가 아니라 이스라엘 국가와 출애굽에 대해 말하고 있다.

어떤 사람들은 이 구절에서 마태가 성경을 잘못 사용한 것이며 그가 문맥과 상관없이 무분별하게 한 구절을 가져와 예슈아께 잘못 적용시킨 것이라고 비판한다. 그럼 마태는 잘못 적용한 것인가? 이것에 대답하기 위해서는 랍비들이 사용한 네 가지 성경해석 방법에 주목해야 한다.

- **페샤트**[22] *P'shat, "simple"*: 본문의 평이하고 단순한 의미로, 현대 해석가들은 문법-역사적 주해라고 부른다.
- **레메즈**[23] *Remez, "hint"*: 본문의 독특한 특징 때문에 본문은 평이한 의미가 아니라 더 깊은 진리를 담고 있다고 본다.
- **드라쉬 또는 미드라쉬**[24] *Drash 또는 midrash, "search"*: 본문의 알레고리적 또는 설교적인 적용을 발전시키기 위해 성경의 나머지 부분, 다른 문헌 또는 삶과 관련된 본문을 찾는 데 창의성이 발휘된다. 여기에는 본문에서 실제 그것의 의미를 가져오는 주해뿐 아니라, 자신의 생각을 본문에 집어넣는 자의적 해석eisegesis도 포함된다.
- **소드**[25] *Sod, "secret"*: 히브리 문자의 숫자값이 작동하여 해석에 적용되는 방식이다. 예를 들어, 글자들의 수의 합이 같은 두 단어는 "개념의 이연연상bisociation"[26]을 통해 비밀을 드러내는 좋은 예가 된다.

---

22 역주: 히브리어 פְּשָׁט는 '단순한 설명', '문자적 의미'라는 뜻이다.
23 역주: 히브리어 רֶמֶז는 '힌트', '실마리'라는 뜻이다.
24 역주: 히브리어 דְּרָשׁ 또는 מִדְרָשׁ는 '교훈적인 해석'이라는 뜻이다.
25 역주: 히브리어 סוֹד는 '비밀'이라는 뜻이다.
26 이 용어는 유대인 국제정치 철학자이자 소설가인 아서 쾨슬러가 그의 책 *The Act Of Creation* (1964)에서 처음 사용한 용어이다.

마태가 성경을 오용하고 있다는 비판은 그가 페샤트 방식을 다루고 있을 때만 성립된다. 앞에서 말했듯이 호세아 11장 1절의 페샤트 방식은 이스라엘에 적용되는 것이지 예슈아에게 적용되지 않는다. 그러나 아마도 마태는 이스라엘에 관한 구절을 메시아로 읽어 내면서 미드라쉬*를 적용하고 있는 것이 아닐까? 많은 랍비들이 같은 접근 방식을 사용했고 그 독자들은 그것에 대해 잘못되었다고 느끼지 않았을 것이다.

그럼에도 불구하고 나는 마태가 우리에게 레메즈, 즉 아주 심오한 진리의 실마리를 주고 있다고 믿는다. 이스라엘은 출애굽기 4장 22절부터 하나님의 아들로 불린다. 메시아는 이사야 9장 6-7절, 시편 2편 7절, 잠언 30장 4절과 같은 타나흐(구약) 구절을 반영하여 마태복음 1장 18-25절의 앞부분에서 하나님의 아들로 제시됩니다. 따라서 인자 the Son는 아들 the son과 같으며 메시아는 이스라엘과 동일시된다. 이것이 마태가 예슈아의 이집트 도피를 호세아 11장 1절의 "성취"라고 부름으로써 암시하고 있는 것이다.

한 사람이 모든 사람을 대표한다는 생각은 좋은 의미로든 나쁜 의미로든 성경 여러 곳에서 찾아볼 수 있다. 예를 들어, 아간의 죄 이야기(여호수아 7장), 이스라엘과 왕들의 관계(구약 여러 곳에서, 예 왕상 9:3-9), 로마서 5장 12-21절, 고린도전서 15장 45-49절 그리고 이사야서의 "종의 구절"(42:1-9, 49:1-

13, 50:4-11, 52:11-53:12)에서 찾아볼 수 있다. 사실 이사야 53장이 이스라엘을 가리키는지, 아니면 당시 태어나지 않은 메시아를 가리키는지에 대한 논쟁은 이스라엘의 메시아가 그의 백성을 구현한다는 사실을 기억하면 사라진다. 마찬가지로 이사야 49장 1-6절의 다음 구절을 생각해 보자.

> "여호와께서 내게 이르시되 '너는 나의 종이요 내 영광을 네 속에 나타낼 이스라엘이라' 하셨느니라… 그가 이르시되 네가 나의 종이 되어 야곱의 지파들을 일으키며 이스라엘 중에 보전된 자를 돌아오게 할 것은 매우 쉬운 일이라 내가 또 너를 이방의 빛으로 삼아 나의 구원을 베풀어서 땅 끝까지 이르게 하리라"

이스라엘은 이스라엘의 보존된 자를 회복하는가? 누가 '열방의 빛"인가? 유대교는 유대 민족이 바로 '열방의 빛'이 되어야 한다고 믿는다. 기독교인들은 즉시로 예수아가 자신에 대해 "나는 세상의 빛이다"라고 말한 요한복음 8장 12절을 떠올린다. 나는 세상의 빛되신 분이 우리 안에 계실 때 우리가 마땅히 그렇게 되어야 하는 것처럼 유대인은 열방의 빛이 될 것이라고 제안한다.

메시아가 유대 민족을 구현한다는 이 개념은 예수아와 교회에 대한 진리를 정확히 알고 있는 신자들에게는 이상하게 느껴지지 않을 것이다. 교회는 메시아가 머리 되시는 몸이며, 또는 메시아가 머릿돌 되시는 성전이라고 말하는 것은 무엇을 의미할까? 하나가 모든 것을 대표한다는 개념은 익숙한 것이다. 그러나 교회는 이스라엘의 거룩하신 분이신 예슈아가 교회뿐만 아니라 유대 민족과도 연합하고 있다는 것을 분명히 이해하지 못했다. 그리스도인들이 이것을 완전히 이해하고, 자신을 이스라엘과 동일시하는 메시아이신 예슈아를 통해 유대 민족이 그들의 소명을 성취할 수 있다는 것을 유대인들에게 전할 수 있다면, 유대인들은 덜 이질적이고 더 매력적인 복음을 접하게 될 것이다. 그리고 교회는 복음에 더욱 충실해질 것이다.

"진리에는 온전한 진리가 있고 단지 진리일 뿐인 것이 있다." 예슈아는 "나는…진리다"라고 말씀하셨다. 그리고 자신을 이스라엘과 동일시하셨다. 복음을 믿는 자들은 예슈아와 동일시함으로써 진리를 얻는다. 만약 그렇다면, 유대인이든 이방인이든 상관없이 그는 예슈아가 동일시하는 유대 민족과 동일시해야 한다. 그렇지 않으면 예슈아와 동일시되지 않은 것이다. 이것이 진리이다. 너희가 진리, 즉 유대 민족과

동일시하는 예슈아를 알지니 진리가 너희를 자유케 하리라.[27]

E. 하나님은 유대 민족에게 약속하신 것을 성취하실 것이다

복음에서 가장 중요한 공동체적 요소는 하나님께서 하나의 민족인 유대 민족에게 하신 약속을 성취하실 것이라는 보증이다. 이 약속은 타나흐(구약)에 반복적으로 나타난다. 그중 가장 중요한 두 가지는 유대 민족이 유배지에서 돌아와 에레츠-이스라엘(이스라엘 땅)을 소유하고 거주하게 될 것이라는 것과 그 나라 Kingdom가 보좌에 앉으신 다윗의 자손으로 인해 다시 세워질 것이라는 약속이다.

1. 신약성경이 그것을 증명한다

많은 기독교인들은 신약성경이 이스라엘 민족에 대한 하나님의 약속이 미래에 성취될 것을 확신하고 있다는 사실을 알지 못한다. 두 가지 본문을 통해 이를 증명해 보려고 한다.

---

27 요한복음 8:32.

첫 번째 본문은 마태복음 23장 37-39절이다. 예슈아는 영적 진리에 대해 마음이 굳어진 토라 교사(서기관)와 바리새인을 혹평하면서 이렇게 말씀하셨다.

> "예루살렘아 예루살렘아 선지자들을 죽이고 네게 파송된 자들을 돌로 치는 자여 암탉이 그 새끼를 날개 아래에 모음 같이 내가 네 자녀를 모으려 한 일이 몇 번이더냐. 그러나 너희가 원하지 아니하였도다. 보라 '너희 집이 황폐하여 버려진 바 되리라'(렘 22:5) 내가 너희에게 이르노니 이제부터 너희는 '찬송하리로다 주의 이름으로 오시는 이여'(시 118:26) 할 때까지 나를 보지 못하리라 하시니라."

메시아가 "예루살렘! 예루살렘!"라고 외친 것이 모든 유대인을 대상으로 하는 것인지, 아니면 거룩한 도시의 중심에 있는 유대교 지도층만을 대상으로 하는 것인지는 알 수 없지만, 분명한 것은 그가 개인뿐 아니라 민족 전체를 대상으로 말씀하신다는 것이며 이스라엘 전체가 "찬송하리로다 주의 이름으로 오시는 이여"라고 외칠 때 이스라엘 민족 전체에 구원이 임할 것을 약속하고 있다는 것이다.

하나님께서 이스라엘 민족에 대한 약속을 성취하실 것을 확증하는 또 다른 핵심 구절은 로마서 9-11장이다. 로마

31

서의 이 부분은 일부 극단적인 세대주의자들이 주장하는 것처럼 바울이 앞뒤에 쓴 내용과 무관한 '첨가된 부록'parenthesis이 아니다. 오히려 로마서 9-11장은 선택받은 자들은 영화롭게 될 것이며(30절), 그 어떤 것도 하나님의 사랑을 끊을 수 없다고 약속한(31-39절) 8장의 마지막 구절들에서 제기된 핵심 질문에 대한 답변이다. 하나님은 믿는 자들에게 그분의 약속을 반드시 지키실 것이라는 이 확신에 대해 1세기 독자들은 분명이 다음과 같이 반응했을 것이다. "그럼 이스라엘은 어떤가요? 하나님은 그들에게 하신 약속을 지키지 않으셨네요. 메시아는 이미 오셨지만 유대 민족은 그분을 따르고 있지 않아요. 이제 이스라엘은 어떻게 될까요?" 이에 대해 로마서 9-11장은 하나님께서 자신의 방법과 자신의 때에 이스라엘에 대한 약속을 참으로 지키셔서 결국 "온 이스라엘", 즉 민족적 실체로써 이스라엘이 "구원을 받게 될" 것이라고 답한다.

따라서 우리는 이스라엘의 미래가 실제로 신약성경에 언급되어 있다는 것을 알 수 있다. 게다가 이 두 본문만이 이스라엘의 미래가 언급된 유일한 곳이 아니다.

2. 구약성경이 그것을 증명한다.

비록 신약성경에 유대 민족에 대한 약속이 언급되어 있지 않더라도, 우리는 여전히 하나님의 말씀인 타나흐(구약)에 명시된 대로 그 약속을 가지고 있다. 그리스도인들이 "구약성경"이라고 부르는 것은 예수아의 유일한 성경이었으며, 그는 온 마음을 다해 그것을 믿었다. 실제로 그는 타나흐와 그 약속을 언급하면서 "성경은 폐하지 못한다"고 말했고 마찬가지로 바울은 "모든 성경", 즉 타나흐 전체는 "하나님의 감동으로 된 것으로 교훈과 책망과 바르게 함과 의로 교육하기에 유익하다"라고 기록했다.[28] 신약성경은 타나흐를 취소하거나 대체하는 것이 아니라 타나흐 위에 세워졌다. 더 정확히는 타나흐를 전제로 한다. 즉, 신약성경은 이스라엘에 대한 모든 약속을 포함하여 타나흐에 기록된 모든 것을 참되고 믿을 만한 것으로 간주한다.

유대 민족에게 약속된 새 언약과 새 마음과 새 영에 대한 타나흐의 약속은 그들이 한 나라로 이스라엘 땅에서 안전하게 거할 것이라는 약속과 결합되어 있다(렘 31:30-37, 겔 36:22-36). 만약 우리가 이 구절들에서 찾아볼 수 있는 새 언약의 예언이 예수아에 의해 성취되었다고 믿는다면, 이스라엘이 포로에서 돌아올 것이라는 예언 또한 성취될 것이라고 믿어야 한다. 성경은 독자들의 선입견으로 조각조각 잘려지

---

[28] 요한복음 10:35, 디모데후서 3:16.

3. 하나님이 유대 민족을 끝내셨다는 주장에 대한 반박

그러나 유대 민족에 대한 약속이 그대로 남아 있다는 것을 인정하지 않는 신학을 가진 사람들이 있다. 사실, 대부분의 대체신학[29]은 유대 민족이 예슈아를 메시아로 받아들이지 않았기 때문에 구약의 모든 축복을 상실했으며 그들에게 남은 것은 저주뿐이라고 주장한다. 우리는 이미 대체신학이 이스라엘과 교회의 관계에 대한 잘못된 이해에 기초하고 있다는 것을 지적했다. 그러나 그것의 영향력이 매우 크기 때문에 우리는 유대 민족에 대한 하나님의 약속을 부정하기 위해 사용되는 두 개의 신약성경 구절을 분석하여 실제로 이 구절들이 부정하는 것이 아니라 그 약속을 확증한다는 것을 보여줄 것이다.

a. 고린도후서 1:20

"하나님의 모든 약속은 얼마든지 그리스도(예슈아) 안에서 예

---

29 대체신학에 대해서 위의 B-1을 보라.

가 되니…"

대체신학은 이 구절을 구약의 모든 약속들이 어떤 신비적인 의미에서 이미 메시아 안에서 성취되었기 때문에 유대인에게 남아 있는 약속은 아무것도 없다는 의미로 이해한다. 그러나 이 구절은 모든 약속이 이미 성취되었다고 말하거나 의미하는 것이 아니라 하나님의 모든 약속은 언제나 예슈아 안에서, 예슈아를 통해 그리고 예슈아에 의해 성취된다는 것을 의미한다. 그분은 아버지 하나님께서 유대 민족에게 하신 약속을 성취하셨고, 성취하고 계시며, 앞으로 성취하실 매개이다. 그들은 포로에서 돌아와 그 땅을 소유하고 살게 될 것이며, 왕국은 보좌에 앉으시는 다윗의 자손으로 인해 회복될 것이다. 하나님께서 유대인들에 대한 모든 약속을 이루실 것이라는 확신을 주는 본문이 오히려 약속을 취소하실 것이라는 본문으로 오용되어서는 안 된다.

b. 마태복음 5:17

"내가 율법이나 선지자를 폐하러 온 줄로 생각하지 말라 폐하러 온 것이 아니요 성취하려 함이라"(NASB)

대체신학은 마찬가지로 초림 때 예수아가 율법을 성취하셨기 때문에 우리는 그렇게 할 필요가 없으며(이 결론으로 이어지는 논리는 불분명하다), 그가 구약의 모든 예언을 성취하셨기 때문에 다시 한번 유대인에게 남아 있는 약속은 아무것도 없다고 이해한다.

그러나 일반적으로 "성취하다"로 번역되는 그리스어 플레로오 ^{pleroō}는 반드시 이런 특정한 의미를 전달하지는 않는다. 오히려 컵이나 구멍을 채울 때처럼 단순히 "채우다", "가득 채우다"를 의미하는 매우 일반적인 단어이다. 실제 의미는 『유대인 신약성경』에서 번역된 것처럼 다음과 같다. "내가 율법이나 선지자를 폐하러 왔다고 생각하지 말라. 내가 온 것은 폐하려 함이 아니라 완전하게 ^{complete} 하려 함이라." 즉, 율법과 선자자들이 원하는 요구를 "완전하게 채우기" 위해 왔다는 뜻이다. 사실, 그렇게 이해되어야 하는 이 구절은 산상수훈(마 5-7장, NASB) 전체의 주제를 말해 준다. 산상수훈에서 메시아는 여섯 번이나 "너희는 옛적부터 들었으나… 나는 너희에게 말하노니"라는 공식을 사용하셨는데, 앞부분 "너희는 옛적부터 들었으나"라는 표현은 '불완전하거나 왜곡되었다'는 의미로 말씀하셨다면, 뒷부분 "나는 너희에게 말하노니"라는 표현은 '올바르게 이해하여 순종해야 할 완전하고 충만한 영적 의미가 담겨 있다'는 의미로 말씀하셨다.

고린도후서 1장 20절 말씀처럼 예슈아는 선지자들의 예언을 성취하셨다. 또한 그는 율법을 완벽하게 지켰다. 그러나 산상수훈에서 예슈아가 말씀하시는 것은 그런 것이 아니다. 그분은 참으로 자신에 관해 성취되지 않은 모든 예언을 성취하실 것이며 또한 하나님 아버지께서 유대인에 관해 아직 성취되지 않은 모든 예언을 성취하시는 도구가 될 것이다.

유대인에 대한 히브리 성경의 약속은 "예슈아 안에서 성취되었다"는 명목으로 취소되지 않는다. 오히려 예슈아 안에서의 성취는 하나님께서 유대인에게 약속하신 것을 앞으로 이루실 것이라는 확신을 더해 주는 것이다. "하나님의 은사와 부르심에는 후회하심이 없느니라."[30]

4. 땅의 약속

확실히 유대적 복음의 가장 중요한 측면 중 하나는 이스라엘이 유배지에서 다시 이스라엘 땅으로 돌아올 것이라는 약속이다. 사실 모든 유대인들이 자신의 디아스포라 생활을 유

---

30 로마서 11:29(RSV). 바울은 "온 이스라엘이 구원을 얻으리라"(롬 11:26)는 약속에 대해 논하면서 이 강한 확신의 말씀을 기록했다. 그러나 유대 민족에 대한 이 중요하고 우선적인 약속은 히브리어 성경에서 하나님께서 그들에게 하신 모든 약속을 포괄한다.

배로 생각하는 것은 아니다. 많은 유대인들은 미국(또는 그들이 살고 있는 어떤 나라든)을 약속의 땅보다 더 많은 젖과 꿀이 흐르는 땅으로 여긴다. 그러나 하나님은 그의 말씀에서 정반대의 의견을 제시하셨다. 결국에는 그분의 말씀이 이길 것이다. 하나님께서는 자신이 선택한 방법과 때에 유대인들을 모든 나라에서 "영원한 기업"으로[31] 주신 땅으로 다시 모으실 것이다.

물론 이 약속은 타나흐에 뿌리를 두고 있지만 신약성경에도 땅을 언급하는 흥미로운 구절이 소위 '감람산 설교'[32]에 나온다. 그러나 대부분의 번역본에서는 그 의미를 왜곡하고 있다. 마태복음 24장 30절[JNT]에 따르면 인자의 징조가 하늘에 나타날 때, 대부분의 번역본에서처럼 "온 땅[the earth]의 모든 족속들"이 아니라 "그 땅[the Land]의 모든 족속들"이 슬퍼할 것이라고 하는데, 이는 예슈아가 스가랴 12장 10, 14절을 암시하고 있기 때문이다. 마태는 메시아가 "큰 권능과 영광을 가지고 하늘 구름을 타고" 다시 오실 때 이스라엘의 열두 지파가 이스라엘 땅에 살면서 그를 보게 될 것이라고 말한다.

---

31 두 단락 아래의 본문에서 창세기와 출애굽기 참조 구절을 보라.
32 역주: 마태복음 24-25장, 마가복음 13장, 누가복음 21장에 나오는 종말론 강화. 작은 묵시록이라고도 불린다.

대체신학은 예슈아의 오심으로 땅의 약속을 가지고 있는 모세 언약이 폐지되었다는 개념에 근거하여, 이스라엘 땅에 대한 유대인들의 주장은 더 이상 유효하지 않다고 주장한다. 나는 아브라함 언약이 폐지되지 않은 것과 마찬가지로 모세 언약이 폐지되었다는 데 동의하지 않지만, 땅의 약속은 모세 이전부터 있었다는 점을 지적하는 것은 유익하다. 이 약속은 모세가 등장하기 훨씬 전인 아브라함(창 12:7, 13:14-17, 15:7-21, 17:7-8, 24:7), 이삭(창 26:2-4, 28:3-4, 13-15), 야곱(창 35:11-12)에게 주어졌지만, 모세에게도(출 32:13) 마찬가지로 주어졌다. 후대의 언약이 이전의 언약을 바꾸지 않는다는 갈라디아서 3장 15-17절의 논리에 따르면, 족장들에게 주어진 땅의 약속은 새 언약이 오거나 모세 언약이 폐지되었다고 해도 변경되지 않는다.[33]

---

33 여기서 메시아닉 유대인들에게 보내는 서신[히브리서]이 옛 언약과 새 언약을 어떻게 다루지에 대해 설명하는 것이 적절할 것 같다.

> 제사장 제도가 변화된다면 토라도 변화되어야 한다···. 따라서 이전 제도rule가 그것의 약점과 비효율성 때문에 제외되었다면(토라는 아무것도 목표에 이르지 못하게 하기 때문에) 반면 더 좋은 소망이 생기니 이것으로 우리가 하나님께 가까이 간다(메시아닉 유대인[히브리서] 7:12, 18-19, JNT).

토라가 변화되어야 한다는 것이 곧 토라의 폐지를 의미하지는 않는다. 어떤 구체적인 조항들rules은 제외될 수 있다. 예를 들어 토라는 오늘날 누가 이스라엘 땅의 권리를 소유하고 있는지에 대한 문제가 신문에 끊임없이 등장할 때 그리스도인들은 성경이 무엇이라 말하는지 알아야 한다. 이 문제는 이스라엘 땅이 하나님이 유대인에게 약속한 땅이라는 것을 부정하는 근거로 대체신학을 사용하는 콜린 채프먼Colin Chapman의 책『누구에게 약속된 땅인가?』Whose Promised Land?[34]에 의해 다루어지지 말아야 한다.

> 대제사장으로서 예슈아의 역할을 고려하여 조정되어야 한다. 그러나 토라 자체는 계속 유지되며 준수되어야 한다(이에 대한 자세한 내용은 아래 섹션 F를 참조하라).
>
>> "여호와께서 말씀하시되 보라 날이 이르리니 내가 새 언약을 세우리라…"[예레미야 31:30-34]. 여호와는 "새로운new"이라는 용어를 사용함으로써 첫 번째 언약을 "옛"것이 되게 하셨다. 그리고 그것은 낡아지며 쇠하여지는 것으로 완전히 사라져가는 것이다(메시아닉 유대인[히브리서] 8:9, 13, JNT).
>
> 예슈아의 다시 오심이 가까웠지만(고전 7:29-31) 아직 일어나지 않았다(살후 2:1-1). 마찬가지로 옛 언약은 "사라질 때가 가까웠지만" 아직 사라지지 않았다. 우리는 옛 언약이 언제 사라질지 알지 못하지만 아마도 그것은 예슈아가 다시 오신 이후일 것이다. 그 동안 모세 언약은, 하나님께서 결코 깨신 적이 없기 때문에(비록 우리 조상들이 깨뜨렸음에도 불구하고-예레미야 31:31-32, 메시아닉 유대인[히브리서] 8:10) 우리 편에서도 지켜야 할 것이며 깨지 말아야 한다(이에 대한 자세한 내용은 *Messianic Judaism*, 4장, E-1; 그리고 아래 F-2-d를 보라).

[34] Colin Chapman, *Whose Promised Land?* (Tring, Herts, England: Lion Publishing, 1983).

오히려 나는 예루살렘의 로에 이스라엘 회중[35] 지도자인 요셉 슐람^Joseph Shulam이 나에게 제시한 공식을 좋아한다.

"아랍 사람들은 그 땅에 대한^to 권리는 없지만, 그 땅에서의 ^in 권리는 있다." 하나님은 유대 민족에게 이스라엘 땅에 대한 통치권을 약속하셨지만 "그 땅에 거주하는 사람들"은 소유권을 가진 재산을 평화롭고 방해받지 않고 사용할 수 있는 권리, 구입한 토지에 대해 정당한 대가를 받을 권리, 착취당하거나 수치당하거나 차별받지 않을 권리가 있다. 현재 군정에 의해 이 지역 아랍 사람들을 통치하고 있는 우리 이스라엘 유대인들에게 토라나 선지서보다 더 나은 행동 지침은 없다."

"너희의 하나님 여호와는 신 가운데 신이시며 주 가운데 주시요 크고 능하시며 두려우신 하나님이시라 사람을 외모로 보지 아니하시며 뇌물을 받지 아니하시고 고아와 과부를 위하여 정의를 행하시며 나그네를 사랑하여 그에게 떡과 옷을 주시나니 너희는 나그네를 사랑하라 전에 너희도 애굽 땅에

---

35 역주: 예루살렘에 있는 믿는 유대인들의 모임으로 회당식 예배로 드리는 독특한 예배 형식을 가지고 있으며, 주로 종교적 유대인이었다가 예슈아를 믿게된 사람들을 말씀으로 양육하고 구제하는 사역을 한다. 로에 이스라엘은 히브리어로 '이스라엘의 목자'라는 뜻이다.

서 나그네 되었음이니라"[36]

"사람아 주께서 선한 것이 무엇임을 네게 보이셨나니 여호와께서 네게 구하시는 것은 오직 정의를 행하며 인자를 사랑하며 겸손하게 네 하나님과 함께 행하는 것이 아니냐"[37]

나는 이 주제를 다루면서 유대인과 아랍인 사이의 평화에 대해 몇 마디 하려고 한다. 아랍인들과 평화롭게 공존하는 것에 대해 체념하는 유대인들이 있고, 아랍인들을 만나 이해하려고 노력하는 유대인들도 있다. 정의가 있는 진정한 평화를 이루기 위한 하나의 큰 소망은 예슈아(아랍어로 예수드[Yesud][38])에 대한 같은 믿음을 가지고 있는 아랍 그리스도인들과 메시아닉 유대인들(믿는 유대인) 간의 사랑의 교제에 있다고 생각한다. 아랍인들과 유대인들의 마음 안에 있는 메시아만이 그들 사이의 평화를 만들 수 있다. 바로 이러한 방향으로 나아가려는 노력이 있어 왔다. 길은 멀고 험하며 실패할 수 있는 경우가 많지만 나는 다른 희망은 없다고 본다. 유대

---

36 신명기 10:17-19.
37 미가 6:8.
38 역주: 정확한 아랍어 발음은 yīsū'a로 음역하면 '예수으' 정도가 된다.

인들과 아랍인들의 간의 적대감은 메시아에 대한 우리의 공통된 믿음만이 메울 수 있는 신학적 의미 overtone를 가지고 있다. "너를 축복하는 자에게는 내가 복을 내리고 너를 저주하는 자에게는 내가 저주하리니"[39]라고 하나님께서 아브라함에게 말씀하신 것처럼 유대인은 하나님의 잣대이며 이는 아랍인에게도 적용된다. 하나님은 이스마엘에게도 "큰 민족"이 되게 하겠다는 복된 약속을 예비하셨다.[40]

아직까지 아랍인들과 유대인들 간의 교제하고자 하는 노력은 유망하고 희망적이며 감동적이다. 여전히 우리가 가야 할 길은 멀다. 우리는 서로의 노래를 부르고, 믿음에 이르게 된 서로의 간증을 기뻐하지만 아직 우리의 상처를 서로에게 털어놓지 못하고, 우리의 죄를 인정하고 회개하고, 용서하고 용서를 구하며, 우리의 속마음을 드러내지 않았다. 그리고 우리는 또한 신학적 합의에 도달할 목적으로 땅에 대한 자신의 생각들을 서로에게 내어놓지 못했으며 성경의 원리에 비추어 보지 않았다. 이것을 위해 기도해 주기를 바란다.

정치로 가능할까? 군사적인 해결책인 전쟁으로 가능할까? 아니면 평화 협정으로? 나는 만약 충분한 유대인들과 충

---

39 창세기 12:3.
40 창세기 21:13.

분한 아랍인들이 그들의 믿음을 이스라엘의 왕이신 예슈아에게 두고 그에게 복종한다면 평화가 있을 것이라고 확실히 믿는다.

현재의 이스라엘은 분명히 메시아 국가는 아니지만 티쿤 하올람*의 단계에 있는 것으로 보인다. 요셉 슐람 Joseph Shulam 은 "신실한 남은 자"라는 타나흐의 원리를 사용하여 하나님이 오늘날 이스라엘의 남은 자를 구성하는 메시아닉 유대인들을 위해 이스라엘 국가를 보호하신다고 가르쳤다. 예슈아는 믿는 자들을 "그 땅의 소금"the salt of the Land [41]이라고 불렀다. 소금은 부패를 막는 방부제이므로 메시아닉 유대인들이 이스라엘 땅에서 이스라엘 국가를 보존한다고 말할 수 있다.

5. 왕국의 약속

하나님은 다윗의 후손이 항상 유대 민족을 다스릴 것이라고 약속하셨다.[42] 잘 알려진 대로, 예슈아 당시 대중들은 메시아가 이스라엘의 국운을 회복시켜 로마의 멍에에서 벗어

---

[41] 마태복음 5:13(JNT). 대부분의 번역본에는 "세상의 소금"the salt of the earth이라고 되어있다.
[42] 사무엘하 7:12.

나 왕권을 재건할 것을 기대했다. 그래서 예슈아의 말씀을 들은 일부 사람들은 이 꿈이 실현되기를 간절히 갈망하여 무력으로 그 꿈을 이루려했다.[43]

예슈아는 그의 공생애 3년 동안 자신이 인류의 죄를 위해 죽고, 죽은 자 가운데 살아나야 한다고 가르침으로 제자들이 그 일에 대해 묻지 못하게 하셨다. 그러나 그가 그 일을 다 이루셨을 때 제자들이 그에게 묻는 것은 무리가 아니었다.

> "주여, 당신께서 이스라엘의 통치를 회복하심이 이 때니이까?" 그가 대답하시되 "때와 시기는 너희의 알바가 아니요 아버지께서 이것을 자기의 권한에 두셨느니라.[44]

예슈아의 대답은 제자들이 듣기 원했던 것이 아닐 수 있지만 우리가 이 신약성경 본문에서 알 수 있는 것은 하나님이 "이스라엘의 통치를 회복"시키는 것에 대해서는 의문의 여지가 없다. 단지 불확실한 것은 회복시키시는 시기일 뿐이다.

---

43 요한복음 6:15.
44 사도행전 1:6-7(JNT).

6. 결론

결론적으로 유대 민족에 대한 하나님의 약속은 성경적 종교의 핵심 요소이다. 이 약속이 없었다면 유대 민족이 살아남으리라는 것을 누가 알았겠는가? 이 약속은 유대인 공동체 삶에 중심으로 남아 있다. 이것에 대해 아무것도 말하지 않는 복음은 헌신된 유대인이라면 거의 생각할 수도 없는 복음이다. 다행이 우리가 살펴본 것처럼 진정한 복음, 즉 메시아이신 예슈아의 유대적 복음은 이 약속을 확증한다. 그리고 참으로 그분을 통해 모든 약속은 '예'가 된다.

F. 복음에서 토라의 역할

1. 미지의 영역, 토라

나는 메시아닉 유대교나 이방 기독교의, 토라에 대한 올바르고 분명하고 상대적으로 완전한 신학의 결여는 기독교인들이 자신의 믿음을 이해하는 데 큰 장애물이 될 뿐 아니라 유대인들이 복음을 받아들이는 데 가장 큰 장벽이라고 확신한다. 많은 유대인들이 토라를 지키지 않고, 그것에 대해 알지도 못하고, 관심도 없음에도 불구하고 나는 이 진술을 지지한다. 왜냐하면 토라에 대한 유대인들의 애착은 인종적 기억 속에 깊이 묻혀 있어서 종종 무의식적으로 그들의 태도에 영향을 미치기 때문이다.

결국 궁극적인 문제는 예슈아가 누구인가-메시아인가? 살아계신 하나님의 아들인가? 최종적인 속죄인가? 우리 삶의 주인인가?-에 관한 것이지만 여기에서 교회의 문제는 주로 유대적 세계관과 관련된 방식으로 진리를 표현하는 의사소통의 문제이다. 그러나 교회는 토라를 어떻게 해석해야 할지, 토라를 신약성경과 어떻게 조화시켜야 할지 거의 알지 못한다. 그리고 만약 교회가 이 주제에 대해 무지하다면 유대인들이 스스로 알아낼 수 있을 것이라 기대하지 말라. 나는 기독교가 이 주제를 다루는 데 있어서 길을 잃었으며 오늘날 신학의 가장 시급한 과제는 율법에 대한 견해를 바로잡는 것이라고 믿는다.

기독교는 중요하게 여기는 주제를 체계적으로 구성하여 조직신학을 만들었다. 따라서 성령, 메시아의 인격과 사역 같은 주제는 기독교 조직신학에서 상당한 비중을 차지한다. 유대교 역시 그들의 신학 사상을, 그들의 관심사를 반영하는 범주로 정리했으며 유대교에 관한 논문을 자세히 살펴보면 유대교의 세 가지 주제-하나님, 이스라엘(유대 민족) 그리고 토라-가 그들의 주요 관심사라는 것을 알 수 있다.

유대교 신학과 기독교 신학을 비교해 보면 둘 다 하나님과 하나님의 백성(하나는 유대인, 다른 하나는 교회)에 상당히 많은 관심을 기울이고 있다는 것을 알게 된다. 따라서 토라-히브리어 단어의 원래 의미는 "가르침"teaching이지만 영어로는 일반적으로 "율법"Law으로 번역되는-라는 주제를 유대교 사상에서는 상당히 많이 다루지만 기독교 신학에서는 거의 다루지 않는다는 사실을 알게 되면 그것은 꽤 충격으로 다가온다. 대략적으로 아우구스투스 스트롱Augustus Strong의 『조직신학』 주제 색인을 확인해 보면, 전체 1,056쪽 중 "율법"이라는 주제는 28쪽(3% 미만)에 불과하다. 루이스 벌코프Louis Berkhof의 『조직신학』은 745쪽 중 단 3쪽(½% 미만)만을, 그리고 루이스 스페리 채퍼Lewis Sperry Chafer의 일곱 권 짜리 『조직신학』은 총 2,607쪽 중 단지 7쪽(약 ¼%)만을 "율법"이라는 주제에 할애한다. 반면 이시도르 엡스타인Isidor Epstein의 『유대교의 믿음』the Faith of Judaism은 386쪽 중 57쪽, 솔로몬 쉑터Solomon Schechter의 『랍비 신학의 양상』Aspects of Rabbinic Theology은 343쪽 중 69쪽, 루이스 제이콥Louis Jacob의 『유대교 신학』A Jewish Theology은 331쪽 중 73쪽이 토라에 해당하는 분량이다(이 세 명의 저자는 각각 정통파, 보수파, 개혁파이다). 이러한 사실로 보건대 이 주제가 유대인은 관심을 가지지만 기독교인은 그렇지 않다는 결론에 도달하게 된다.

이것은 기독교인들에게는 불행한 일이다. 첫째, 대부분의 기독교인들은 율법이 무엇인지에 대해 지나치게 단순하게 이해하고 있고 둘째, 기독교가 유대인 신앙에 있어서 가장 중요한 세 가지 영역 중 하나에 대해 유대인들에게 할 말이 거의 없다는 것을 의미한다. 간단히 말해 토라는 기독교 신학의 개척되지 않은 영역, 즉 미지의 영역terra incognita이다.

이에 대한 주된 이유는 기독교 신학이 초기 수 세기 동안 반유대주의적 편견을 가지고 바울을 오해하여 토라가 더 이상 유효하지 않다고 결론을 내렸기 때문이다. 이것은 유대적 복음이 아니며 참된 복음도 아니다. 이제는 기독교인들이 율법에 대한 진리를 이해해야 할 때이다. 지난 30년 동안 기독교 신학자들은 율법을 이해하기 위한 첫 발걸음을 내딛었다.[45] 이제 메시아닉 유대인들이 최전선으로 나아가 이 과정

---

[45] W. D. Davies, *Paul And Rabbinic Judaism*, 4th ed. (Philadelphia: Fortress Press, 1980); Daniel P. Fuller, *Gospel And Law: Contrast Or Continuum?* (Grand Rapids, Michigan: Eerdmans, 1980); Hans Huebner, *Law In Paul's Thought* (Edinburgh: T. & T. Clark, 1984); Jacob Jervell, *The Unknown Paul* (Minneapolis: Augsburg Press, 1984); E. P. Sanders, *Paul, The Law, And The Jewish People* (Philadelphia: Fortress Press, 1983); E. P. Sanders, *Paul And Palestinian Judaism* (London: SCM Press, Ltd., 1977); Gerard S. Sloyan, *Is Christ The End Of The Law?* (Philadelphia: Westminster Press, 1978); Clark M. Williamson, *Has God Rejected His People?* (Nashville, Tennessee: Abingdon, 1982)를 보라.

을 주도해야 한다.

2. 노모스

좋은 출발점은 신약성경에서 사용된 그리스어 노모스^{nomos,} ^{토라 또는 율법}와 그 파생어를 철저히 연구하는 것이다. 이 단어와 동족어^{cognate}는 약 200번이나 나오기 때문에 안타깝게도 이 책에서는 이를 다룰 만한 지면이 없다. 다음에 나오는 몇 가지 예는 추가 연구를 위한 의욕을 자극하고 권하기 위한 것이다.

a. 로마서 10:4-메시아는 율법의 마침이 되셨는가?

로마서 10장 4절 "그리스도는 율법을 끝내시고 모든 믿는 자에게 의를 가져다 주신다"(NEB)를 생각해 보자. 이것은 일반적인 번역이지만 잘못된 번역이다. 이 번역자처럼 대부분의 신학자들은 이 구절을 예수아가 토라를 끝내셨다는 것으로 이해한다. 그러나 "끝내셨다"^{end}라고 번역된 그리스어 단어는 텔로스^{telos}이며, 이 텔로스에서 온 영어 단어 목적론^{teleology}을 『웹스터 국제영어사전 제3판』^{Webster's Third International Dictionary}에서 "자연 설계의 증거에 대한 철학적 연구… 끝을 향하거나 목적에 의해 형성되는 사실이나 특성… 신의 섭리로 인해 결정된 것으로 간주되는…"으로 정의한다. 그리스어 텔로스의 일반적인 의미는 "종료"가 아니라 "목표, 목적, 완성"이다. 물론 이 구절에서 사용된 "끝내셨다"도 바로 이 의미이다. 메시아는 토라를 끝내지 않으셨고 지금도 그렇다. 오히려 메시아를 향한 관심과 믿음은 토라가 지향하는 목표이자 목적이며, (율법주의로 토라를 준수하려는 것과는 대조적으로) 진정한 믿음으로 토라를 준수하는 것의 논리적인 결론이자 결과이며 완성이다. 로마서 9장 30절-10장 11절의 문맥에서 알 수 있듯이 바로 이것이 바울의 요점이지, 토라의 종결이 바울의 요점이 아니다.

b. "율법 아래"와 "율법의 행위"

토라에 대한 기독교 신학의 대부분은 바울이 고안해 낸 두 개의 그리스어 표현에 대한 오해에 기인한다. 첫 번째는 휘포 노몬 *upo nomon*으로 로마서, 고린도전서, 갈라디아서에서 10번 나타나며 보통 "율법 아래"로 번역된다. 다른 하나는 에르가 노무 *erga nomou*로, 로마서와 갈라디아서에서 조금 변형된 형태로 10번 정도 나타나며 "율법의 행위"로 번역된다.

바울이 이 표현을 통해 전달하고자 하는 바가 무엇이든 한

가지 분명한 것은 바울이 이 표현을 부정적으로 여겼다는 것이다. "율법 아래"있는 것은 나쁘고 "율법의 행위"도 나쁘다는 것이다. 일반적으로 기독교 신학에서는 전자를 "토라를 지키는 틀 안에서"라는 의미로, 후자를 "토라에 순종하는 행위"라는 의미로 받아들인다. 그러나 이러한 이해는 잘못된 것이다. 바울은 토라의 틀 안에서 사는 것을 나쁘다고 생각하지 않았으며, 토라에 순종하는 것도 나쁘다고 생각하지 않았다. 오히려 반대로 그는 토라가 "거룩하고 의롭고 선한"(롬 7:12) 것이라고 기록했다.

크랜필드 C. E. B. Cranfield는 이 두 구절을 이해하는 데 있어서 좋은 통찰을 주었다. 이 주제에 대한 그의 첫 번째 논문[46]은 1964년에 발표되었으며, 그의 탁월한 로마서 주석[47]에서 이것을 이렇게 요약했다.

> 바울 당시의 그리스어에는 우리가 사용하는 율법주의 legalism 율법주의자 legalist, 율법적 legalistic에 해당하는 단어 그룹이 없었다. 이것은 그가 율법에 관한 중요한 입장을 구별하기 위

---

[46] C. E. B. Cranfield, "St. Paul and the Law," in *Scottish Journal of Theology* (1964), pp. 43–68.

[47] Cranfield (*op. cit.* in footnote 6, above), volume 2, pp. 845–862.

해 사용할 수 있는 용어가 부족했기 때문에 율법과 관련하여 기독교인의 입장을 분명하게 표현하는 작업에 심각한 방해를 받았다는 것을 의미한다. 이런 점을 고려해 볼 때, 언뜻 보기에 율법을 폄하하는 것처럼 보이는 바울의 진술이 실제로는 율법 자체가 아니라 지금 우리가 편리한 용어로 사용하고 있는 율법에 대한 오해와 오용을 겨냥한 것일 가능성을 항상 염두에 두어야 한다. 바울은 이 매우 어려운 영역을 개척하고 있었다.[48]

만약 내가 믿는 것처럼 크랜필드의 말이 맞다면 우리도 같은 개척자 정신으로 바울에게 접근해야 한다. 우리는 에르가 노무 *erga nomou*를 "율법의 행위"가 아니라 "특정한 토라 계명의 율법적 준수"로 이해해야 한다. 마찬가지로 우리는 휘포 노몬 *upo nomon*을 "율법 아래"가 아니라 "토라를 율법주의로 왜곡한 결과로 생겨난 제도에 대한 복종"으로 이해해야 한다. 이것이 『유대인 신약성경』에서 이 구절들이 번역된 방법이다.

휘포 노몬 *upo nomon*의 문맥은 항상 억압적인 의미를 전달하기 때문에 "복종하다"라는 표현은 중요하다. 바울은 고린도전서 9장 20절에서 토라가 없는 자들을 위해 토라가 없는 자

---

[48] *Ibid.*, p. 853.

처럼 되었다고 말한 후, 21절에서 자신은 토라 없는 자가 아니라 엔노무스 크리스투$^{ennomos\ Christou}$, 즉 '그리스도의 토라 아래에' 있는 또는 '그리스도로 토라화된(율법화된)' 자라고 분명하게 강조한다. 그는 휘포 노모스$^{upo\ nomos}$ 대신 엔노모스^{ennomos}라는 다른 용어를 사용함으로써, 하나님의 거룩하고 정의롭고 선한 토라에 기꺼이 '율법화'$^{en-lawing}$되는 대신 율법주의적으로 왜곡된 토라에 자신을 복종시키는 사람들(아마도 이방인들[49])에게서 발견되는 부담감과, 이제 메시아와 연합되었으므로 토라의 (율법주의적) 억압에서 자유로운 관계를 구별했다.

만약 위에서 제시된 '휘포 노몬'과 '에르가 노무'의 표현과 의미가 이 문구가 나오는 20개 구절에 사용되었다면, 나는 기독교의 토라 신학이 더 나은 방향으로 바뀌었을 것이라고 믿는다.

c. 갈라디아서 3:10-13-율법의 저주에서 구속됨?

갈라디아서 3장 10-13절에는 번역본이 이 구절을 번역하려고 할 때 어렵게 만드는 여러 걸림돌이 있다. 예를 들어,

---

49 "율법 아래 있는 자"가 이방인인 이유에 대한 논의는 『유대인 신약성경 주석』$_{Jewish\ New\ Testament\ Commentary}$의 고린도전서 9장 20절 주석을 참조하라.

다음은 『새 미국 표준성경』New American Standard Bible의 번역인데, 대부분의 번역보다 더 좋지도 나쁘지도 않은 것 같다.

> 10 율법의 행위를 하는 자마다 저주 아래 있나니, "율법 책에 기록된 모든 것을 지켜 행치 아니하는 자는 저주를 받으리라"고 기록되었음이라 11 이제 하나님 앞에서 율법으로 의롭게 되는 사람은 아무도 없음이 분명하니, 이는 "의인은 믿음으로 살리라"고 기록되었기 때문이다 12 그러나 율법은 믿음에서 난 것이 아니니, 오히려 "율법을 행하는 자는 그로 말미암아 살리라" 13 그리스도께서 우리를 위하여 저주가 되사 율법의 저주에서 우리를 구속하셨으니, 이는 "나무에 달려 있는 자마다 저주를 받은 것이라 기록되었음이라" 하셨기 때문이다

이 구절은 『유대인 신약성경』에 다음과 같이 나온다.

> 10 토라 명령의 율법주의적 준수[*erga nomou*, "율법의 행위"]에 의존하는 모든 사람은, "토라 두루마리에 기록된 모든 것을 계속 행하지 않는 사람은 저주를 받는다"고 기록되어 있기 때문에 저주 아래 살게 된다 [신명기 27:26] 11 이제 "의로운 사람은 신뢰함과 신실함으로 생명을 얻을 것"이라고 기록되

어 있기 때문에 율법주의[*nomos*]를 통해 하나님으로부터 의롭다고 선언받는 사람은 아무도 없다는 것이 분명해졌다 [하박국 2:4] ¹² 또한 율법주의[*nomos*]는 신뢰함과 신실함에 근거한 것이 아니라 "이런 일을 행하는 사람은 누구나 그것을 통해 생명을 얻을 것이다"라는 본문의 오용에 근거한다 [레위기 18:5] ¹³ 메시아는 우리를 대신하여 저주를 받음으로써 토라[*nomos*]에 명시된 저주에서 우리를 구속하셨으며, 타나흐에서는 "나무에 달린 사람은 저주를 받는다"고 말한다 [신명기 21:22-23]

"율법의 저주"는 토라의 틀 안에서 살아야 하는 저주가 아니다. 왜냐하면 토라 자체는 선하기 때문이다. 토라에 순종해야 하지만 그렇게 할 능력이 없는-이것이 정확히 사실이라고 가르치는 신학이 있지만 하나님께는 중요하지 않은 딜레마-저주도 아니다. 바울의 요점은 그 저주는 율법주의에 근거하여 토라에 순종하려고 노력하는 사람들에게도 내린다는 것이다(11a, 12절). 타나흐 자체가 믿음에서 나오는 진정한 순종을 요구하기 때문에(11b절) 바울에게 율법주의적 접근은 이미 불순종이다. 여기서는 이것이 사실임을 증명하거나 이 네 구절의 위 번역으로 인해 제기된 다른 논쟁을 다룰 공간이 없다. 나의 『유대인 신약성경 주석』에서 이러한 문제를 다루고 있다.

d. 히브리서 8:6-새 언약은 토라로 주어졌다

『유대인 신약성경』을 준비하는 과정에서 발견한 가장 놀라운 것 중 하나는, 모세가 시내산에서 받은 것이 토라로 주어진 것과 마찬가지로 정확히 같은 의미에서 새 언약 자체가 실제로 토라로 주어졌다는 점이다. 극히 비밀스럽게 이러한 사실을 숨기고 있는 구절은 히브리서 8장 6절인데 전형적인 번역은 다음과 같다.

> 그러나 그리스도께서 중재하시는 언약이 더 나은 약속 위에 제정되었기 때문에 옛 언약보다 훨씬 더 훌륭한 사역을 얻으셨다 (RSV)

이 구절은 내가 채굴하려는 노력에 비하면 빈약한 광석처럼 보일 것이다. 그러나 그리스어 본문을 살펴보니 "제정되었다"라는 문구가 우리에게 친숙한 단어인 노모스^{nomos,} "율법", "토라"와 일반 동사 티데미^{tithemi,} "두다", "놓다"의 합성어인 네노모데테타이^{nenomothetetai} 라는 단어로 번역된다는 사실을 알게 되었다. 히브리서의 주제가 그리스 법이나 로마 원로원이라면 이 단어를 "제정하다", "확립하다", "입법하다", 즉 "법을 제정하다"로 번역하는 것이 적절할 것이다.

그러나 히브리서에서 14번 나오는 노모스라는 단어는 항상 토라를 의미하지 일반적인 법을 의미하지 않는다. 게다가 신약성경에서 네노모데테타이가 나오는 유일한 다른 예는 몇 구절 뒤인 히브리서 7장 11절로, 이 구절은 단지 시내산에서 토라를 수여하는 것을 가리킬 뿐이다(로마서 9장 4절에 나오는 관련 단어인 노모데시아[nomothesia], 즉 "토라를 수여하는 것"도 마찬가지로 명확하다). 따라서 『유대인 신약성경』은 히브리서 8장 6절을 다음과 같이 번역한다.

> 그러나 이제 예슈아가 중재하는 언약이 더 나은 것처럼, 예슈아가 하도록 주어진 일은 그들의 일보다 훨씬 우월하다. 이 언약은 더 나은 약속에 기초하여 토라로 주어졌다.

따라서 새 언약이 "토라로 주어졌다"는 것은 토라가 현 시대에도 여전히 존재하며 우리가 앞으로 살펴보겠지만, 모든 유대인과 모든 이방인이 지켜야 한다는 것을 의미한다. 그러나 "모든 유대인"과 "모든 이방인"에게 요구되는 것이 정확히 무엇인지는 그리 명확하지 않다. 이 질문을 포괄적으로 다루는 것은 이 책의 범위를 벗어나는 것이기 때문에 제한된 방식으로 다룰 것이다.

3. "율법은 끝났다"라고 하는 복음은 전혀 복음이 아니다

앞에서 언급한 유대교의 가장 중요한 세 가지 신학적 주제 중에 (물론 내가 이것에 동의하는 것은 아니지만) 개혁파는 '하나님'에, 보수파는 '이스라엘'에, 정통파는 '토라'에 중점을 둔다는 주장이 있어 왔다. 개혁파 유대인과 세속파 유대인은 토라가 영원히 구속력이 있는지에 대해 정통파와 보수파의 의견에 동의하지 않는다. 반면, 보수파 유대인은 토라가 구속력이 있다는 것에는 동의하지만 그것의 구체적인 적용을 결정하는 정통파의 배타적인 주장에는 동의하지 않는다. 그럼에도 불구하고 정통파 유대인은 이스라엘에서는 전체 유대인 인구의 15-20%에 불과하고 미국에서는 그보다 적지만, 토라를 영원한 것으로 보는 그들의 관점은 유대인의 마음속에 매우 깊이 자리잡고 있다. 비정통파는 자신들이 영리하고 경험이 풍부하며 자신감 넘치는 통치자[50]를 몰아내려는 신생 세력의 역할을 어느 정도 맡고 있다고 생각한다.

만약 기독교가 토라는 더 이상 유효하지 않다는 메시지를

---

50 역주: 정통파 유대인들을 말한다.

전한다면 정통파 유대교와의 소통은 단절되고 더 이상 어떠한 논의도 가능하지 않을 것이다. 게다가 유대인의 사고방식으로 토라에 대한 정통파 유대교 관점이 어떻게 받아들여지는지에 대해 내가 올바르게 알고 있다면, 세속적 유대인들도 정확하게 알지는 못하겠지만 어느 정도는 정통파 유대교가 옳다는 것을 알고 있다. 실제로 종교인은 아니지만 정통파를 유대 민족의 수호자로 여기는 세속 유대인들도 있다.

따라서 기독교가 토라의 문제를 적절하고 진지하게 다루지 못한다면 유대 민족에게 할 말이 아무것도 없을 것이다. 유대인 개개인은 유대 민족과 교회 사이의 넓은 간격을 넘어 기독교로 옮겨갈 수 있겠지만 (그림 2E를 보라) 정통파 유대교의 핵심 관심사 자체는 "우리가 율법 아래 있지 아니하고 은혜 아래 있음이라"라는 로마서 6장 14절을 무심하고 경솔하게 인용함으로써 무시된다. 내 생각에 이런 얕고 메마른 사고 방식은 교회에서 너무 오랫동안 지속되어 왔기 때문에 (유대교를) 반대하려는 목적 외에는 아무런 도움이 되지 않는다.

이러한 사고방식은 피상적일 뿐 아니라 잘못된 것이다. 예슈아는 산상수훈에서 "내가 율법이나 선지자를 폐하러 온 줄로 생각하지 말라 폐하러 온 것이 아니요 완전하게 $^{plērôsai,\ to\ fill}$ 하려 함이라"고 분명하게 말씀하셨다. 여기서 예슈아의 "완전하게 하심"^{filling}은 토라의 완전하고 올바른 의미를 분명히 하는 것을 의미한다고 앞에서 배웠다.[51] 우리는 플레로오가 "성취"를 의미한다 하더라도 그가 앞서 세 단어로 말씀하신 것과 모순되게 "폐지"를 의미하는 것으로 왜곡할 수 없다고 지적했다. 이것은 너무나 분명한데 어떻게 기독교 신학이 토라가 더 이상 유효하지 않다는 생각을 제안할 수 있었는지 이해하기 어렵다. 나는 이러한 주장이 초기 수 세기 동안 이방인 교회에 주입된 반유대주의적 편견 때문에 생겨난 것이라고 생각한다.[52] 이러한 편견은 이제 너무 널리 퍼져 있고 뿌리 뽑기 어려워서 개인적으로 반유대주의적 편견이 전혀 없는 기독교인들조차도 어쩔 수 없이 그 영향을 받는다.

해결책은 토라 신학을 재평가하는 것이다. 나는 토라가 계속 유효하다는 것이 밝혀질 것이라고 확신한다. 그러나 내가 이렇게 말한다고 해서 일부 기독교 비평가들이 생각하는 것처럼 "유대교에게 양보"하여 한발 물러가는 것이 아니며, 메시아닉이 아닌 일부 유대인들이 비난할 수 있는 것처럼, 위선적이고 기만적이며 혼란스럽게 하는 친^{pro}토라적 언어로 반

---

51 위의 E-3.
52 교회에 반유대주의적 편견을 심어 준 것은 대적자 사탄이다. 사탄은 하나님께서 유대인들을 통해 역사 속에서 행하기로 결정하신 것을 알기 때문에 끊임없는 분노로 그들을 미워한다. 그러나 사탄은 자신을 방어할 수 없는 곳에만 들어갈 수 있다(마 12:43-45).

^anti^토라 신학을 표현하는 것도 아니다. 오히려 나는 내가 신약성경이 가르치고 있는 것을 명확하게 말하고 있다고 믿는다. 이것은 양보하는 것도 아니고 혼란을 주는 것도 아닌, 유대인과 그리스도인 모두에게 도전이 될 것이다.

예레미야가 약속하고 히브리서에 인용된 새 언약의 핵심 요소는 토라가 사람들의 마음에 기록된다는 것이다(렘 31:30-34, 히 8:9-12). 하나님께서 토라를 마음에 기록하실 때 토라가 아닌 다른 것으로 바꾸신다고 말하는 것은 용납할 수 없는 신학적 기만이다.

그러나 메시아닉 유대인과 이방인 그리스도인이 토라의 지속성을 인정한다면, "메시아 예슈아가 새 언약을 시작하셨으니 이제 토라가 요구하는 것은 무엇인가? 새 언약의 적용, 즉 할라카는 무엇인가?"[53]라는 질문이 제기된다. 이것은 유대

---

53 할라카는 문자적으로 '걷는 길'way of walking을 의미하지만, 문맥에 따라 넓은 의미로 '토라에 따른 생활 방식'이나 좁은 의미로 '특정 상황에서 지켜야 할 규칙'이라는 의미를 전달하기도 한다. 유대교 담론에서 "할라카"라고 하면 특정한 관점에서 바라본 유대인 삶의 전체 구조를 떠올리게 된다. 때때로 할라카는 유대 율법에 의해 허용되는 것과 금지되는 것을 알기위한 목적도 있지만, "법적인" 것이 아니라 단순히 관습이 무엇인지 그리고 왜 그러한지를 알아내는 것과도 관련이 있다. "할라카"라는 표현은 오랜 세월 동안 '유대 민족성'과 같은 의미로 사용되었다. 일반적으로 유대인들은 하나님께서 원하시는 삶이 무엇인지 배우기 위해 랍비들에게 물었으며, 이것이 곧 유대인들의 민족성

인이 궁금해하는 질문이며, 앞으로 살펴보겠지만 복음의 필수 요소이다.

유대교에는 메시아가 오시면 토라의 어려운 질문들을 설명해 주실 것이라는 전통이 있다. 또 다른 전통에서는 메시아가 토라를 바꿀 것이고 말한다. 메시아 예슈아는 이미 오셨다. 예를 들어 산상수훈에서 일부 내용은 예슈아가 설명하셨고, 다른 일부는 바꾸셨다. 이것에 대해서는 이 장 뒷 부분에서 배우게 될 것이다(그분이 다시 오실 때는 더 자세히 설명해 주시고 더 많이 바꾸실 것이다!).

4. 새 언약의 율법과 실천

사실 신약성경은 새 언약의 율법과 실천이 무엇인지에 대한 질문에 대해 우리가 무지함 가운데 있도록 내버려두지 않는다. 오히려 신약성경은 실제로 토라나 할라콧(율법의 적용)을 어떻게 적용해야 할지에 대해 여러 가지 구체적인 판단을 명시하고 있으며, 이러한 판단은 일반적으로 철저히 랍비적 사고방식에 의해 이루어진다. 다음은 다섯 가지 예이다.

이고 할라카이다.

a. 요한복음 7:22-23

이 구절에서 예슈아는 치유 계명이 안식일에 일을 하지 말라는 계명보다 우선한다는 판단을 제시한다. 특정 상황에서 두 가지 상충되는 율법 중 어느 것이 더 타당한지를 결정할 때 예슈아는 랍비들이 사람들을 위해 결정했던 것과 동일한 것을 행하셨다. 사실 예슈아는 이 구절에서 탈무드 「안식일」 128a 이하에 나오는 잘 알려진 결정을 언급하셨다.

랍비들은 안식일에 일하지 말라는 계명과 생후 8일째 되는 날에 아들에게 할례를 행하라는 계명 사이의 갈등에 직면했다. 이 갈등은 공개적으로 할례를 행하는 데 필요한 도구를 자르고 운반하는 것이 안식일에 랍비들이 금지한 일이라는 사실에서 비롯되었다. 그들은 여덟째 날이 안식일이면 반드시 해야 될 일을 하고 그 아이에게 할례를 행하기로 결정했다. 그러나 건강상의 이유로 여덟째 날 이후에 할례를 해야하는 경우에는 안식일에 행할 수 없고 평일까지 기다려야 한다.

예슈아는 자신의 결정을 옹호하기 위해 유대교에서 칼 바호메르*kal v'homer, "가벼운 것과 무거운 것"*라고 불리는 논증을 사용했다. 이것은 철학에서 아 포르티오리 *a fortiori, "더 유력한"* 추론으로 열려져 있다. 그것의 본질은 "더욱더…!" *how much more…!* 라는 표현이다. 요한복음 7장 23절은 사실상 이렇게 말한다. "너희들이 할례의 계명을 지키기 위해 안식일을 어기는 것을 허용하였으니, 하물며 사람의 온 몸을 치유하는 것은 얼마나 더 중요한지, 그것을 위해서도 안식일을 어기는 것을 허용해야 한다."

b. 갈라디아서 2:11-14

바울은 갈라디아서 2장 11-14절에서 중요한 할라카에 대해 언급한다. 이것 역시 두 가지 유효한 원칙이 충돌할 때 어떻게 진행해야 하는지에 대한 결정이지만, 이 경우에는 구약의 계명과 새 언약의 필요성 사이의 충돌이다. 그의 결론은 일부 사람들이 생각하는 것처럼 유대인의 음식법이 더 이상 적용되지 않는다는 것이 아니라 유대인 신자들의 카슈룻 준수가 이방인 신자들과의 교제를 방해하도록 허용되어서는 안 된다는 것이다. 코셔 음식을 먹는 것보다 더 중요한 것은 메시아 안에서의 교제이다. 그러나 유대인 신자가 코셔를 먹는다고 해서 그러한 교제가 깨지지 않는다면 갈라디아서 2장 11-14절의 어떤 구절도 유대인의 음식법을 지켜서는 안 된다는 의미로 해석될 수 없다.

c. 마가복음 7:1-20

카슈룻의 폐지를 증명하기 위해 흔히 인용되는 다른 두 구절을 살펴보고 이것이 이 구절들의 목적이 아님을 보여 줄 것이다. 마가복음 7장 1-20절은 카슈룻이 아니라 오늘날 전통 유대교에서 지키는 식사 전 의식적 손 씻기*n'tilat-yadayim*에 관한 것이다.[54] 따라서 예슈아께서 "모든 음식은 깨끗하다"[55]고 선언하셨을 때 코셔가 아닌 음식을 코셔라고 하신 것이 아니라 씻지 않은 손으로 그것을 만졌을 때 코셔 음식이 제의적으로 부정한 음식이 되지 않는다고 말한 것이다. 우리 시대에 정통 유대인이 아닌 사람들이 제의적 부정에 대해 제대로 생각하기는 어렵지만 예슈아 시대에는 탈무드의 여섯 가지 주요 부문 중 하나 *Tohorot*, "정결"가 거의 전적으로 이 주제에 할애되어 있다는 사실로 그 중요성을 대략 가늠해 볼 수 있다.

그러나 우리가 주목해야 할 중요한 할라카는 먹는 것과는 아무런 관련이 없다. 이 구절에서 예슈아는 많은 그리스도인이 그러한 것처럼 "장로들의 전통"에 전혀 비중을 두지 않는다. 오히려 그가 주장하는 것은 인간의 전통이 "하나님의 말씀을 무효화하고 헛된 것으로 만드는 데" 사용되어서는 안된

---

54 마가복음 7:2-5을 보라.
55 마가복음 7:19.

다는 것이다. 이것이 오늘날 신약의 할라카를 만드는 데 우리를 인도할 수 있는 메시아 자신의 핵심 할라카 판결이다. 하나님의 말씀은 우리가 우선순위를 바로 잡아야 된다고 말하고 오직 하나님의 말씀 만이 절대적인 순종을 명령할 수 있다. 우리의 할라콧 *halakhot*, 할라카의 복수형은 유용하고 암시적이며, 교훈적이고 지침으로써 가치가 있을 수 있지만 여전히 "사람의 전통"일 뿐이므로 오류가 있을 수 있고 그다지 중요하지 않다. 예수아는 성경의 가르침을 위반하는 것보다 랍비의 판결을 위반하는 것을 더 중요하게 여기는 바리새파의 입장을 비판했다. 따라서 메시아의 할라카는 예수아가 비판한 바리새파의 입장을 직접적으로 취하는 정통파 유대교의 현대적 견해와 대치된다.

d. 사도행전 10:9-17, 28

베드로는 부정한 짐승이 보자기에 싸여 하늘에서 내려오는 환상을 세 번이나 보았고 "잡아 먹으라"는 음성을 들었다. 해석가들은 보통 이 구절이 유대인은 더 이상 코셔 음식을 먹을 필요가 없다고 가르치는 본문이라고 즉시로 가정한다. 그러나 베드로는 그러한 해석가들과는 달리, 환상의 의미가 무엇인지 고민하면서 한동안 시간을 보냈다. 고넬료의 집에 도착한 후에야 퍼즐 조각들이 맞추어졌다. 그래서 그는 "하나님께서 그 어느 누구도 부정한 사람이라고 부르지 말라고 지시하셨다"고 말할 수 있었다. 환상은 음식이 아니라 사람에 관한 것이었다. 항상 코셔를 먹던 베드로에게 식습관을 바꾸라고 하신 것이 아니라 이방인을 유대인과 동등하게 구원의 후보자로 받아들이라고 가르치신 것이다.

하늘에서 내려온 보자기에는 각종 짐승과 들짐승 그리고 파충류와 새가 담겨 있었다는 것을 기억해야 한다. 그러나 나는 독수리, 부엉이, 박쥐, 족제비, 생쥐, 도마뱀, 악어, 카멜레온, 뱀, 거미, 벌레가 이제 식용으로 간주되어야 한다고 주장하는 성경 해석가를 단 한 명도 보지 못했다. 하나님은 레위기 11장에서 유대인들이 "음식"으로 여길 수 있는 것들을 명시하셨다. 이 환상에 먹는 것에 관한 부차적인 메시지가 있다 하더라도 그것은 음식법을 완전히 폐지시키는 것을 말하는 것이 아니라 우리가 위에서 언급한 갈라디아서 2장 11-14절에서 발견하는 동일한 규칙, 즉 유대인과 이방인 신자들의 교제를 유지하는 것이 카슈룻 준수를 대체한다는 것을 말한다.[56]

---

56 이 주제에 관해서 더 알기 원하면 『유대인 신약성경 주석』에서 갈라디아서 2:11-14에 대한 나의 주[note]를 보라.

e. 사도행전 15장과 토라

사도행전 15장에서 일종의 메시아닉 산헤드린*인 예루살렘 공의회가 소집되어 이방인 신자들이 어떤 조건에서 메시아닉 공동체, 즉 교회로 받아들여질 수 있는지를 결정했다. 그들이 유대교로 개종할 필요는 없지만 우선 "우상의 더러운 것과 음행과 목매어 죽인 것과 피를 멀리하라"[57]는 네 가지 계명을 지켜야 한다고 결정했다.

이것은 새 언약 아래서 이방인에게 적용되는 토라의 요소가 유대인에게 적용되는 요소와 동일하지 않다는 것을 우리에게 가르쳐 준다. (예루살렘 공의회는 유대인에게 적용되는 토라의 어떤 부분도 변경하지 않았기 때문에 수년이 지난 후에도 여전히 "토라에 열심"인 수많은 메시아닉 유대인들이 예루살렘에 남아 있을 수 있었다.[58]) 새 언약의 토라가 유대인과 이방인에게 서로 다른 계명을 명시한다 해도 그리 놀랄 만한 일이 아니다. 첫째, 모세오경에는 어떤 그룹에는 적용되지만 다른 그룹에는 적용되지 않는 계명이 있다. 예를 들어 왕에게는 적용되지만 신하에게는 적용되지 않고, 제사장에게는 적용되지만 다른 유대인에게는 적용되지 않으며, 남자에게는 적용되지만 여자에

---

57 사도행전 15:20.
58 사도행전 21:20(JNT).

게는 적용되지 않는 계명이 있다. 둘째, 신약성경에도 남자와 여자, 남편과 아내. 부모와 자녀, 종과 주인, 지도자와 추종자, 과부 등 다양한 범주의 사람들에 대한 서로 다른 계명이 있다.[59]

그러나 사도행전 15장은 이방인들이 메시아닉 공동체에 들어올 때 네 가지 율법만 지키도록 요구받았지만, 그들이 원하는 만큼 유대교에 대해 배울 수 있고[60] 아마도 그들이 원하는 만큼 유대교의 율법과 관습을 지키는 것이 허용되었다고 가르친다. 새 언약(갈라디아서)에 추가된 유일한 조항은 이방인들이 유대교 율법과 관습을 지킨다고 해서 self-Judaizing 하나님으로부터 "구원을 위한 이점"을 얻을 수 있을 것이라고 생각해서는 안 된다는 것이다.

또한 새 언약이 이방인에게 요구하는 유일한 요구 사항이 이 네 가지 계명에 순종하는 것이라고 생각해서는 안된다. 오히려 신약성경에는 유대인만큼이나 이방인도 지켜야 할 수백 가지의 계명이 있다. 새 언약이 도덕적, 시민적, 의식적 ceremonial 또는 다른 범주의 율법을 폐지한다고 생각해서

---

59 고린도전서 11:2-16, 14:34-36; 에베소서 5:22-6:9; 골로새서 3:18-4:1; 디모데전서 3:1-13, 5:3-16; 히브리서 13:7, 17; 베드로전서 3:1-7을 보라.
60 사도행전 15:21.

는 안된다. 이 모든 범주에 유대인과 이방인이 지켜야 할 신약성경의 계명이 있다. 몇 가지 예를 들면, 로마서 13장 1-7절과 사도행전 5장 29절은 시민으로써의 복종과 불복종을 다루고, 마태복음 28장 19절과 고린도전서 11장 17-34절은 예배 의식ceremony의 문제를, 고린도전서 5장 1절-6장 7절, 14장 26-40절, 고린도후서 2장 5-11절 그리고 마태복음 18장 15-17절은 메시아닉 공동체 내의 질서를 다루고 있다. 너무 많은 도덕적, 윤리적, 영적 계명이 있어서 그것들을 모두 인용할 필요는 없다(어떤 목록에 따르면 모두 1,050개의 계명이 있다고 한다).[61]

비록 이방인에 대한 구체적인 요구 사항은 유대인에 대한 요구 사항과 다르지만 우리는 새 언약 아래서 토라가 여전히 유효하며 유대인과 마찬가지로 이방인에게도 적용된다는 결론을 내린다.

5. 새 언약의 율법?

많은 이방인 그리스도인들은 토라가 새 언약 아래에서도

---

61 Finnis Jennings Dake, *Dake's Annotated Reference Bible* (Lawrenceville, Georgia: Dake Bible Sales, Inc., 1961), New Testament, pp. 313-316.

여전히 유효하다는 추상적인 진술에 동의하기 쉽다. 왜냐하면 그들은 (새 언약 아래서) 토라의 의미를 어떻게 이끌어 낼 것인지에 대한 감각이 없기 때문이다. 그러나 그것에 동의하는 유대인은 (새 언약 아래서) 토라가 어떻게 적용되는지 즉시로 궁금해 한다. 새 언약 아래서 토라를 어떻게 적용해야 하는가? 특정 상황에서 해야 할 것과 하지 말아야 할 것은 무엇인가? 안식일에는 불을 피우거나 운전을 하지 말아야 하나? 남자는 회중 모임에서 키파 *kippah*, 머리 덮개를 써야 하나? 남자는 찌찌옷 *tzitziyot*, 옷 귀퉁이에 달린 술, 민수기 15:37-41을 착용해야 하나? 메시아닉 유대인 회중 지도자를 랍비라고 불러야 하나? 메시아닉 이방인[62]이 메시아닉 회당 예배에서 토라 두루마리를 읽도록 허용해도 되는가? 이방인 그리스도인은 유대교로 개종할 수 있는가? 만약 그렇다면 어떤 조건하에 개종할 수 있는가? 메시아닉 유대인은 이스라엘 국가와 어떤 관계를 맺어야 하나? 메시아닉 유대인은 이스라엘로 이주해야 하나? 메시아닉 유대인이 이방인 그리스도인과 결혼할 때 그와 관련된 할라카가 있나? 메시아닉 유대인은 안식일 촛불을 켜야하나? 만약 그렇다면 하나님께서 안식일에 촛불을 켜라고 명령하

---

62 역주: 이방인 그리스도인으로 메시아닉 유대인 공동체의 구성원이 된 사람.

섰다고 말하는 전통적인 브라카*b'rakhah, 축복기도를 암송해야 하나?(성경에는 그런 계명이 없다) 메시아닉 유대인 회중의 이방인 구성원은 어느 정도까지 유대 관습을 따를 수 있으며, 따라야 하나? 등등.

새 언약의 할라카를 만드는 것은 (메시아닉이 아닌) 유대교의 패턴을 따라야 하나? 탈무드, 법전 그리고 랍비 회답서the Responsa[63]와 같은 신약성경의 판례법case law을 만드는 것을 상상할 수 있을 것이다. 그것은 무엇보다 인간 존재의 거의 모든 영역을 다루는 유대교 할라카를 고려해야 하지만, 모든 것은 신약성경의 빛 아래서 재검토해야 한다. 새 언약의 할라카는 유대인 신자와 이방인 신자 모두에 의해 만들어 질 것이며 그러한 절차의 근거가 되는 주요 본문은 마태복음 18장 18-20절이다.

> "그렇다! 내가 너희에게[리더쉽 그룹의 제자들] 이르노니 무엇이든지 너희가 땅에서 무엇이든 매면[금지하면] 하늘에서도 매일 것이요, 땅에서 무엇이든지 풀면[허용하면] 하늘에서도 풀리리라. 다시 너희에게 이르노니 너희 중에 두 사람이 여

---

63 역주: 주로 게오님 시대(589-1038) 시대에 종교적 질문에 대한 유대교 학자들의 법 해석을 담은 편지를 말한다.

기 땅에서 사람들이 (메시아를 믿는 자들로써 어떻게 살아야 하는지)[64] 묻는 것에 대해 합의를 이루면, 그 합의는 그들을 위해 하늘에 계신 아버지로부터 온 것이다. 두세 사람이 내 이름으로 모인 곳에는 나도 그들과 함께 있기 때문이다."[65]

마지막 문장은 일반적으로 믿는 자들이 기도할 때 예슈아가 그들과 함께 하신다는 확신을 주는 말씀으로 여겨진다. 이것은 사실이지만 이 구절에 근거한 것은 아니다. 여기서 예슈아는 메시아닉 공동체 생활을 규제할 권한을 가진 사람들에게 말하고 있다(앞의 15-17절 참조). 1세기 유대교에서 "묶다"와 "풀다"라는 용어가 "금지하다"와 "허용하다"라는 의미로 사용되었기 때문에 예슈아는 그들과 뒤이을 지도자들이 할라카를 제정할 권리가 있다고 말한다. 예슈아는 어떤 문제가 두세 명의 메시아닉 공동체 지도자로 구성된 그룹에 공식적으로 제기되고 그들이 지상에서 할라카 결정을 내리면 그들은 하나님의 권위가 그들 뒤에 있다는 것을 확신할 수 있다고 가르치고 있다.

---

64 역주: 괄호안에 있는 내용은 역자가 더 명확한 번역을 위해 David H. Stern, *The Complete Jewish Study Bible*, 1418쪽 Mattityahu(Mathew) 18:18-20에 대한 해설을 참조하여 첨가했다.
65 마태복음 18:18-20(JNT).

하지만 그런 할라카가 무슨 소용이 있을까? 누가 그것을 지킬까? 누가 그것을 필요로 할까? 우리는 모든 일에 성령의 인도하심을 받고있지 않나? 우리에게 일련의 규칙이나 지침이 필요한가?

자 이제 논의를 시작해 보자. 내가 쓴 더 긴 책인 『메시아닉 유대교』에서 논의를 몇 단계 더 진전시키기는 했지만, 그것을 끝낼 수 있을 것 같지는 않다. 그러나 여기에 제시된 것만으로도 '복음에 나타난 토라의 유대적 요소'에 한 줄기 빛을 던져 줄 수 있다. 교회가 다시는 "율법에서 자유하라!"라는 구호로 그것-복음에 나타난 토라의 유대적 요소-을 외면하지 않기를 간절히 바란다. 대사명의 목표를 성취하기 위해 '율법에서 자유"해야 한다는 것은 진실을 외면하는 것이다.

Restoring the Jewishness of the
A Message for Christians
G✡SPEL

03

복음의 유대성 회복을 위한 전제

서론에서 나는 이 책을 읽는 독자들이 다음 세 가지 사항에 동의할 것이라 가정한다고 썼다. 이 세 가지 사항은 그 자체로 복음의 유대성 회복에 대한 부분은 아니지만 그것의 전제가 된다. (1) 기독교는 유대적이다. (2) 반유대주의는 기독교적인 것이 아니다. (3) 유대인들에게 복음을 전하는 것을 거절하거나 소홀히 하는 것은 반유대주의이다. 일부 독자들은 이에 동의하지 않을 수 있기 때문에 설득하는 것이 필요하다. 이제 이 문제에 대해 논의할 때가 되었다. 바울이 로마서 1장 16절에서 복음이 "먼저는 유대인에게요"라고 썼을 때 그것이 무엇을 의미하는지에 대해 생각해 보면서 결론을 내릴 것이다.

A. 기독교는 유대적이다

고(故) 프란시스 쉐퍼의 아내인 이디스 쉐퍼는 『기독교는 유대적이다』Christianity is Jewish[1]라는 제목의 책을 썼다. 그녀의 요점은 나의 생각과 같은데, 기독교가 현재의 일부 표현 방식이 아무리 비유대적이라 할지라도 기독교는 유대교와 유대 민족에 그 뿌리를 두고 있다는 것이다.

이 사실에 대해서는 논쟁의 여지가 없다. 예슈아의 제자들은 모두 유대인이었다. 신약성경은 전적으로 유대인에 의해 쓰여졌다(누가는 아마도 유대교 개종자였을 것이다). 메시아 개념 자체가 완전히 유대적이다. 마지막으로 예슈아 자신이 유대인이었으며 성경 어디에도 그가 유대인이 아니라고 말하거나 암시하는 구절이 없기 때문에 당시에도 유대인이었고 여전히 유대인이다. 이방인에게 복음을 전한 사람들은 유대인이었다. 이방인의 사도, 바울은 평생 유대 관습을 지키는 유대인이었다. 실제로 초기 교회의 주요 쟁점은 이방인이 유대교로 완전히 개종하지 않고도 그리스도인이 될 수 있는가에 관한 것이었다. 메시아의 대속은 유대인의 유월절 희생제사 제도에 뿌리를 두고 있으며 성만찬은 유대인의 유월절 전통에 뿌리를 두고 있다. 세례는 유대적 관습이다. 참으로 신약성경 전체는 새 언약에 대한 예언과 약속이 있는 히브리 성

---

[1] Edith Schaeffer, *Christianity is Jewish*(Weaton, Illinois: Tyndale House Publishers, Inc., 1975).

경 위에 세워져 있기 때문에 구약 없는 신약은 일층이 없는 이층처럼 불가능하다.

신약성경에 기록된 많은 내용은 유대교를 떠나서는 이해할 수 없다. 이에 대해 이전 장의 마태복음 18장 18-20절에 대한 논의에서 이미 한 가지 예를 들었지만[2] 여기에 또 다른 예가 있다. 예슈아는 산상수훈에서 "만약 너의 눈이 악하면 온 몸이 어두울 것이니"[3]라고 말씀하셨다. 악한 눈이란 무엇인가? 유대적 배경을 알지 못하는 사람은 그가 주문을 외우는 것에 대해 말하고 있다고 생각할 수 있다. 그러나 히브리어로 "악한 눈"인 '아인 라아'*는 인색하다는 뜻이고, "좋은 눈"인 '아인 토바'*는 관대하다는 뜻이다. 예슈아는 다른 어떤 것도 아닌 관대함의 부족을 경고하고 있다. 게다가 이것은 문맥에도 완벽하게 들어맞는다. "네 보물 있는 곳에는 네 마음도 있느니라 … 너희가 하나님과 돈을 겸하여 섬기지 못하느니라."[4]

기독교 믿음의 유대성은 신약성경 전체에 걸쳐 분명하게 드러나지만, 바울은 로마서에서 이것을 명확하게 밝히고 있

---

2 2장 F-5.
3 마태복음 6:23(KJV).
4 미태복음 6:21, 24(KJV, NIV).

다. 그는 "우선은 그들이 히브리 성경을 의미하는 하나님의 말씀을 맡았음이니라"[5]고 기록한 다음 주제를 확장하여 다음과 같이 덧붙인다.

> 이스라엘 백성은 하나님의 자녀가 되었고 쉐키나[하나님 영광의 현현]가 그들과 함께 있으며, 언약이 그들의 것이고, 마찬가지로 토라, 성전 예배 그리고 약속이 그들에게 주어졌다. 족장들도 그들의 것이며 그의 육체적 혈통에 관한 한 메시아도 그들로부터 오셨다.[6]

복음의 메시지는 유대인과 이방인 모두를 위한 것이지만 메시아 신앙은 유대적 맥락을 가지고 있다. 유대인들이 더 이상 하나님의 백성이 아니라는 대체신학의 잘못된 전제를 받아들인다고 하더라도 기독교가 유대적라는 사실은 변하지 않는다. 기독교를 다르게 이해해 보려는 시도는 하나님의 메시지를 왜곡시킬 뿐이다.

그러나 기독교는 또 다른 의미에서, 즉 기독교는 원칙적으로 유대인들에게 가장 잘 수용된다는 점에서 유대적이다. 이

---

5 로마서 3:2.
6 로마서 9:4-5.

것이 위에 인용된 로마서 말씀(롬 9:4-5)에서 바울이 말하고자 하는 요점이다. 그의 목적은 복음이 "**특히**^especially 유대인을 위한 것"임을 보여 주는 것이다.

B. 반유대주의는 비기독교적이다

반유대주의는 성경적 믿음과 양립할 수 없다. 스가랴 2장 8절에서 하나님은 "너희(유대 민족)를 범하는 자는 나의 눈동자^the apple of my eye를 범하는 것이라"고 말씀하신다. 눈동자^pupil는 가장 민감하고 유용한 신체 부위이다. 창세기 12장 3절에서 하나님은 유대 민족의 조상 아브라함에게 "너는 축복하는 자에게는 내가 복을 내리고 너를 저주하는 자에게는 내가 저주하리니"라고 약속하셨다.

그럼에도 불구하고 개인과 교회는 모두 반유대주의 교리를 가르쳤고 그리스도의 이름으로 반유대주의적 행위를 저질렀다. 게다가 이들 중 일부는 진정한 믿음의 증거가 없는 명목상 그리스도인이었지만 어거스틴과 마틴 루터처럼 반유대주의를 제외하면 어떤 기준으로 봐도 진정한 그리스도인이었던 사람들도 있었다. 루터가 개신교 종교개혁을 시작했음에도 불구하고 창세기 12장 3절에 제시된 기준에 비추어

볼 때, 「유대인과 그들의 거짓말에 관하여」라는 자신의 소논문을 아브라함의 후손에 대한 저주로 채운 사람이 진정으로 유대인 메시아이신 예슈아를 통해 하나님께 자신의 삶을 바

---

7 Martin Luther, "On The Jews And Their Lies"(1543), translated by Martin H. Bertram, edited by Franklin Sherman: Volume 47, pp. 121–306 *of Jaroslav Pelikan and Hehmann, Luther's Works* (Philadelphia: Fortress Press and St. Lous: Concordia Publishing House, 1962–1974). 다음은 268–278쪽에서 발췌한 것이다.

> 우리 그리스도인들은 이 거부되고 정죄받은 사람들, 유대인들을 어떻게 해야 합니까? … 제가 진심으로 충고하겠습니다. 첫째, 그들의 회당에 불을 지르십시오. … 우리 주님과 기독교 국가의 영광을 위해… 그들의 회당에 불을 지르는 것입니다. 그래서 우리가 그리스도인임을 하나님이 보게 하십시오. … 나는 그들의 집도 허물고 파괴하라고 충고합니다. … 나는 그들의 기도서와 탈무드 서적을 빼앗으라고 충고합니다. … 나는 그들의 랍비들이 앞으로는 생명과 사지 상실의 고통에 대해 가르치는 것을 금지하도록 조언합니다. … 우리는 우리 주 예수 그리스도께서 자신을 받아들이지 않고 십자가에 못 박은 유대인들에 대해 "너희는 독사의 무리이며 마귀의 자식이다…"라고 선언하실 때 진실하다는 것을 믿을 것입니다. 나는 그리스도의 이러한 판단을 지지하는 유대인에 관한 많은 이야기들, 즉 그들이 어떻게 우물에 독을 풀고 암살하고 아이들을 납치하는지에 대한 이야기를 읽고 들었습니다. 나는 어떤 유대인이 한 그리스도인을 통해 다른 유대인에게 피가 담긴 항아리와 포도주 한 통을 보냈는데, 그 포도주를 다 마셨더니 유대인 한 명이 죽은 채로 발견되었다는 소문을 들었습니다….

루터의 이 논문은 교훈적인 내용을 담고 있지 않다. 더 자세한 분석은 나의 미발표 논문 "Luther's View of The Jews: A Lesson For Our Time"(1974)을 보라.

쳤다고 말할 수 있는지 심각하게 의심하지 않을 수 없다.

나는 이방인 그리스도인들과 메시아닉 유대인들이 이러한 일들에 대해 책임을 지고, 그것에 대해 겸손하게, 비록 유대인들이 반드시 용서하리라고 기대할 수는 없을지라도 그들 앞에서 교회의 잘못을 인정하는 자세를 취하는 것이 적절하다고 생각한다.

그러나 더 중요한 것은 단지 그들이 유대인이라는 이유만으로 유대인 개인이나 유대 민족 전체에게 피해를 주는 어떠한 사상이나 말, 행동은 결국 기독교적 가치를 모두 침해하는 것이며 죄로 간주되어야 한다는 점을 모두가 이해해야 한다는 점이다.

마지막으로 반유대주의의 무의식적인 형태가 있다. 이 책은 그것에 대한 많은 부분을 지적하고 있다.[8] 유대인을 싫어하지도 불쾌하게 하지도 않는 선의의 그리스도인들도 수 세기에 걸쳐 반유대주의의 가르침에 물든 문화에서 반유대주의적 태도를 흡수한다. 이러한 현상에 대처하는 한 가지 효과적인 방법은 신약성경에 대한 반유대주의적 해석을 유대적 배경에 근거한 해석으로 대체하는 것이다.

---

8 나의 책 *Messianic Judaism* 3장 E-4를 참조하라.

C. 유대인에게 복음을 전하는 것을 거절하거나 소홀히 하는 것은 반유대주의이다

편협하거나 이해력이 부족한 사람들 말고는 이 장의 첫 부분에 제시한 두 가지 전제에 대부분 동의할 것이다. 그러나 자신을 그리스도인이라 여기는 많은 사람들은 세 번째 사항에 동의하지 않을 것이며, 개인으로든 민족으로든 유대인에게 복음을 전하는 것은 타당하거나 적절한 것이 아니라고 주장할 것이다. 그외 많은 사람들은 실제로 유대인에게 복음을 전하는 것을 원칙적으로 거부하지는 않지만 그리스도인의 삶에서 상대적으로 높은 우선순위라고 생각하지 않기 때문에 유대인 복음전도를 등한시한다.

따라서 여기서 우리는 유대인 복음전도가 모든 그리스도인에게 최우선 순위가 되어야 한다는 점을 분명히 언급해야 한다.

1. 유대인에 대한 선의의 무관심은 반유대주의이다

"나는 아는 유대인이 하나도 없습니다", "나는 유대교에 대해서 한번도 생각해 본 적이 없어요", "하나님은 유대인 문제에 관심을 가지라고 나를 부르시지 않으셨어요"와 같은 말로 유대인 복음전도를 등한시하는 것을 당연하게 생각하는 그리스도인들이 있다.

이 모든 것은 만족스럽지 못한 변명에 불과하다. 왜냐하면 성경은 유대인을 간과하지 말라고 교훈하기 때문이다. 스가랴 1장 15절은 매우 흥미로운 구절이다. 하나님은 선지자 스가랴에게 "나는 안일한 고임*-히브리어로 이방인, 이교도, 열방-때문에 심히 진노하나니 나는 (예루살렘과 시온)에게 조금 노하였거늘 그들은 (예루살렘과 시온)에게 고난을 더하였음이라"고 말씀하셨다. 이방인들은 어떻게 유대인들의 고난이 더해지도록 했나? 그들은 무관심하고 배려하지 않고 상황을 외면하는 "안일함"으로 그렇게 하였다. 에드문드 버크$^{Edmund\ Burke}$는 세상의 악이 가만히 앉아서 아무것도 하지 않는 선한 사람들의 발 앞에 놓일 수 있다고 지적했다. 예수아도 "나와 함께하지 아니하는 자는 나를 반대하는 자요 나와 함께 모으지 아니하는 자는 헤치는 자니라"[9]고 말씀하셨다. 여기에 중간 입장, 즉 제3자의 입장$^{tertium\ quid}$은 없다. 모든 사람은 자신의 입장을 취해야 하며, 입장을 취하지 않는 것은 기본적으로 반대하는 것이다.

유대 민족에 대한 무관심이 곧 반대에 해당하고 잘못된

---

9 누가복음 11:23.

것이라면 무엇이 옳은 것일까? 옳은 것은 하나님의 백성으로 그들의 지위를 진지하게 받아들이면서 유대 민족에게 복음을 전하는 것이다. 바울은 그들의 은사와 부르심은 취소될 수 없다고 했다. 다르게 표현하면, 유대인을 향한 옳바른 태도는 그들에게 하나님 사랑을 전하는 통로가 되는 것이다.

2. 역사에 의해 정당화되는 의도적인 무관심은 반유대주의이다

그러나 스스로를 그리스도인이라 부르면서 유대인들에 대해 관심이 없고 그들에게 복음 전하는 것을 거부할 뿐 아니라 의도적으로 그렇게 하면서 자신들이 옳다고 믿는 사람들도 있다.

많은 유대인들이 예슈아와 신약성경의 주장에 대해 열린 마음을 갖고 있지 않다는 것은 잘 알려진 사실이기 때문에 어떤 사람들은 단순히 그들에게 거부당하는 것을 두려워한다. 만약 그것이 유일한 이유라면, 두려움을 버리고 하나님께서 그들의 노력에 복을 주시도록 기도한 다음, 메시아를 통한 하나님의 사랑과 용서를 가지고 유대인들에게 나아가 그들이 대사명에 순종하도록 권고해야 한다.

예슈아에 대해 듣고 싶지 않다고 말하는 유대인들의 감성을 존중해야 한다고 생각하는 사람들도 있다. 그들은 자신의 생각보다 성경에 더 큰 비중을 두고 주님의 인도하심에 민감하게 반응하여 유대인들에게 복음의 진리를 전하려고 노력해야 한다.

또한 감정에 의존하지 않고 객관적인 사실을 근거로 유대인 전도를 거부하는 것을 합리화하려는 사람들이 있다. 유대인 전도를 하지 말아야 한다는 일반적인 명분은 홀로코스트에서 비롯된다. 600만 명의 유대인이 나치의 손에 죽었다. 히틀러의 12년 통치 기간 동안 국가 교회는 눈에 보이는 악 앞에서 침묵했고 나약했다. 게다가 주류 기독교 신학은 실제로 반유대주의는 아니더라도 유대인과 유대교에 대해 충분히 차가웠기 때문에 악의적인 반유대주의가 아무런 견제 없이 표출될 수 있었다. 많은 선의의 그리스도인들은 교회의 이러한 죄악에 직면하여 어떻게 감히 유대인에게 예수를 믿어야 한다고 말할 수 있는지 묻는다.

대답은 두 가지이다. 한편으로는 "어떻게 가능한가?"라는 질문에 대한 대답은 "겸손하게"이다. 그리스도인은 유대인에 대한 교회의 짐을 기꺼이 짊어져야 한다. "나쁜 기독교 신학이 자유주의자들에 의해 행해졌고 그들은 진정한 그리스도인이 아니었다. 국가 교회는 진정한 그리스도인의 교회가 아니다"라고 말해서는 안 된다. 대신 "그리스도 안에서 나의 형제된 사람들이 유대인을 향해 끔찍한 범죄를 저질렀을 가능성이 있다. 그들이 참으로 나의 형제인지 확실하지 않지만, 그 가능성을 단호하게 부인함으로써 내 자신의 양심을 누그러뜨리지 않을 것이다"라고 말해야 한다.

또한 홀로코스트와 관련하여 유대인을 향한 우리의 입장은 그들이 용서를 받아들일 것이라 기대하지 않고 용서를 구하는 것이여야 한다. 우리는 교회가 죄를 지었다는 사실을 인정하고 용서를 구해야 한다. 그런데 왜 유대인이 그것을 받아들여야 하는가? 교회는 유대인의 용서를 받기 위해 무엇을 했는가? 용서 안에 포함된 한 가지 요소는 보상이다. 교회가, 아니 그 누구라도 600만 명의 죽음에 대해 어떻게 보상할 수 있을까? 궁극적인 답은 오직 하나님만이 보상하실 수 있다는 것이다. 홀로코스트는 너무나 끔찍해서 어떠한 인간의 보상 행위로도 그것에 대한 값을 지불할 수 없다. 오직 하나님만이 기적적인 방법으로 메시아 예슈아가 가져다주는 치유를 통해 그들이 용서할 수 있는 지점까지 산 자의 마음을 회복시킬 수 있다. 어떤 그리스도인도 홀로코스트에 대한 유대인의 용서를 기대할 권리는 없으며 사실 그는 그러한 유대인의 용서를 얻지 못할 것이다. 왜냐하면 그들의 마음은 메시아 예슈아에 의해 치유받지 못했기 때문이다.

그럼에도 불구하고 그리스도인은 유대인들에게 복음을 전해야 한다. 왜 그런가? 예슈아가 없으면 유대 민족은 이방 민족처럼 영원히 멸망당할 수밖에 없는 운명에 처해있기 때문이다. 더욱이 유대 민족의 진정한 메시아이신 예슈아가 없다면 유대 민족은 성경에 약속된 자신의 영광스러운 목표를 이루지 못할 것이다. 유대인에게 복음을 전하지 않는 것은 그 어떤 것보다 가장 나쁜 반유대주의적 행동이다. 따라서 홀로코스트, 종교재판, 포그롬 등 모든 혐오스러운 역사적인 반유대주의적 사건에도 불구하고 그리스도인은 복음을 가지고 유대인에게 전해야 한다. 예슈아가 없다면 유대 민족(그리고 다른 민족들)은 개인적으로나 집단적으로나 희망이 없다.

3. 신학에 의해 정당화되는 의도적인 무관심은 반유대주의이다

유대인들에게 복음을 전하지 않으려는 그리스도인들이 자신을 정당화시키는 또 다른 방법은 두 언약 신학two-covenant theology[10]이다. 두 언약 신학은 예수는 이방인들이 이교도에서 벗어나 유일하신 참 하나님을 알 수 있는 언약을 가져왔지만, 유대인들은 이미 모세를 통해 언약을 받았기 때문에 메시아 예슈아가 필요하지 않다고 말한다. 사실 유대인들에게 예수를 말하는 것은 그들을 혼란하게 하는 것이며 모욕이기

---

10 역주: 또는 이중언약 신학이라고도 한다.

도 하다.

이것에 대한 첫 번째 반대는 단순히 논리의 문제이다. 만약 예슈아가 유대인의 메시아가 아니라면 그는 어느 누구의 메시아도 아니며 이방인들도 그를 필요로 하지 않는다.

그러나 신약성경을 하나님께서 주신 것으로 받아들이는 사람이라면 요한복음 14장 6절 "예수께서 이르시되 내가 곧 길이요 진리요 생명이니 나로 말미암지 않고는 아버지께로 올자가 없느니라", 이 한 구절만으로도 두 언약 신학을 무너뜨릴 수 있다. 이 구절은 유대인이든 이방인이든 메시아 예슈아를 통하지 않고서는 아버지께로 올 자가 없다는 것을 가르쳐 준다. 만약 이 구절로 충분하지 않다면 베드로가 예슈아에 대해 말한 사도행전 4장 12절 "다른 이로써는 구원을 받을 수 없나니 천하 사람 중에 구원을 받을 만한 다른 이름을 우리에게 주신 일이 없음이라 하였더라"는 말씀도 있다.

두 언약 신학은 기독교가 아니라 유대교에서 시작되었는데 그 이유는 이해할 만하다. 두 언약 신학은 복음에 대해 유대인들이 방어할 수 있는 근거를 제공해 주기 때문이다. 기독교가 국가와 모든 주요 기관을 통제하는 환경에서 활동한 람밤(Rambam, "람밤"은 마이모니데스[Maimonides, 1135-1204]로 알려진 랍비 모세 벤 마이몬[Rabbi Moshe ben-Maimon]의 약자)은 우상 숭배를 중단하고 대신 아브라함, 이삭, 야곱의 하나님을 숭배할 수 있는 기독교가 이방인에게 적합하다는 이론을 발전시켰다. 그들의 예배는 하나님과 사람을 숭배하는 것이 혼합되어 있어 불완전하지만 불완전한 하나님 숭배가 우상 숭배보다 낫다는 논리이다. 이것은 기독교 자체를 우상 숭배로 보는 유대인의 견해에 비해 상대적으로 기독교에 대한 낙관적인 견해이다.

이러한 접근 방식은 20세기 초 유대인 철학자 프란츠 로젠바이크Franz Rosenweig, 1886-1929에 의해 채택되었다. 그는 기독교로 개종하는 것을 진지하게 고려했지만 대속죄일 회당 예배의 아름다움과 깊이를 경험한 후 다시 유대교로 돌아오게 되었다. 그의 책 『구원의 별』The Star Of Redemption에서 그는 두 언약 신학을 현대 신학의 언어로 표현했다. 그는 예슈아가 유대인을 위한 메시아는 아니더라도 진실로 이방인을 위한 메시아라고 주장했다. 로젠바이크는 심지어 요한복음 14장 6절에 대한 답을 제시했다. 그렇다. 예수는 이방인들을 위한 길이요, 진리요, 생명이니 그를 통하지 않고서는 아버지께로 올 자가 없다. 그러나 유대인들은 모세와 아브라함 언약으로 인해 이미 아버지와 함께 있다. 따라서 그들은 예수에게로 나아갈 필요가 없다. 신학자 라인홀드 니버Reinhold Niebuhr와, 교회와 회당의 관계에 대해 폭넓게 저술한 역사학자인 제임스 파커스James Parkers는 기독교 사상의 체계 안에서 이중언약 이론을 제안한 사람들 중 하나이다. 그들의 의도는 좋았지만 신약성경(예를 들어, 에베소서 2:11-16)에서 말하고 있는, 유대인과 그리스도인 모두 예슈아를 메시아, 구세주 그리고 주님으로 받아들일 때만 하나님과 그리고 서로 화해할 수 있다는 본질적인 부분을 놓쳤다.

요한복음 14장 6절은 그렇게 쉽게 처리할 수 있는 말씀이 아니다. 이 말씀은 예슈아가 유대인에게 하신 말씀이다. 예슈아가 그 말씀하셨을 때 복음은 이스라엘에게만 전해졌기 때문에 그가 이방인을 언급하고 있다고 생각할 이유가 없다. 마찬가지로 마가는 불과 몇 시간 후 대제사장의 "네가 찬송 받을 이의 아들 그리스도냐?"에 대한 그의 대답이 분명했다고 말한다. "내가 그니라 I AM." 그런 다음 예슈아는 자신의 대답을 더 분명히 하기 위해 메시아의 의미를 담고 있는 타나흐의 두 구절 시편 110편 1절과 다니엘 7장 13절을 인용한다. "인자가 권능자 하그부라[HaG'vurah]*, 하나님 우편에 앉은 것과 하늘 구름을 타고 오는 것을 너희가 보리라"[11] 메시아 개념 자체는 유대적이지 기독교적 gentile 이지 않다. 사복음서 모두는 메시아가 유대인으로부터, 유대인에게, 유대인을 위해—그렇다고 다른 사람을 배제하지 않는—오시는 분으로 묘사하고 있다.

---

11 마가복음 14:61-62.

두 언약 신학은 환상이고 희망이지 진실이거나 현실을 반영한 것이 아니다.

예슈아는 유대 민족이 자신이 누구인지 알고 그대로 받아들이기를 원했다. 그러나 그분은 사람들에게 자신을 받아들이도록 강요하지 않았고, 다른 사람들이 그분을 위해 힘을 사용하도록 허락하지도 않으셨다.[12] 도리어 그는 울며 이르기를 "예루살렘아 예루살렘아! … 암닭이 그 새끼를 날개 아래 모음 같이 내가 여러 번 네 자녀를 모으려 하였으나 너희가 거절하였도록 … 내가 너희에게 이르노니 이제부터 너희가 찬송하리로다 주의 이름으로 오시는 이여 할 때까지 나를 보지 못하리라"[13]라고 말씀하셨다.

예슈아는 유대인과 이방인 모두의 메시아이다. 유대인과 이방인 모두를 위해 "이스라엘 집과 유다 집에 맺은"(렘 31:30-34) 하나의 새 언약이 있다. 이방인에게 예슈아와 새 언약이 필요한 것처럼 마찬가지로 유대인에게도 예슈아와 새 언약이 필요하다. 이 사실을 유대인과 이방인 모두에게 알리는 것은 이방인 그리스도인과 메시아닉 유대인의 몫이며, 지상 명령에 불순종할 핑계를 찾으려 해서는 안된다.

---

12 요한복음 6:15.
13 마태복음 23:37, 39.

4. 로마서 1:16-복음은 "특별히 유대인을 위한 것"이다

로마서 1장 16절은 "내가 복음을 부끄러워하지 아니하노니 이 복음은 모든 믿는 자들에게 구원을 주시는 하나님의 능력이 됨이라 특별히^{especially} 유대인에게요 그러나 이방인에게도 동일하다"라고 말한다.

이 『유대인 신약성경』의 번역은 일반적으로 "먼저는 유대인에게요"로 번역되는 문구의 의미를 잘 드러낸다. 미치 글래이저^{Mitch Glaser}[14]는 이 문구를 이해하기 위한 세 가지 선택을 제시했다. 그는 이 문구가 역사적으로 복음이 유대인에게 먼저 전해지고 나중에 이방인에게 전해졌다는-비록 이것이 사실임에도 불구하고-'역사적 우선성'만을 의미하는 것은 아니라고 결론지었다.

또한 존 머레이^{John Murry}가 그의 로마서 주석에서 말했듯이 "믿음을 통한 구원은 일차적으로 유대인에게 가장 적절하며 … 이는 [그들이] 하나님에 의해 복음의 약속을 받을 자로 선택되었고 그에게 하나님이 말씀이 맡겨졌다는 사실에서 비롯된 것"이라는 생각은-비록 이것 또한 사실이지만-'언약적

---

[14] Mitch Glaser, "To The Jew First: The starting point for the great commission", 1984년 커버넌트 신학교에서 발표한 강의.

우선성'만을 의미하는 것도 아니다. 오히려 "먼저는 유대인에게"라는 말은 유대인에게 복음을 전하는 데 "현재의 우선순위"가 있으며 교회는 이를 인정해야 한다는 것을 의미한다. 이것이 바로 사도행전 전체에서 바울이 한 일이지만, 반드시 모든 개개의 신자들이 이방인에게 예수를 전하기 전에 지역사회의 유대인을 찾아 그들에게 복음을 증거해야 한다는 의미는 아니다. 글래이저가 말했듯이 오늘날 신자들은 유대 민족에 대한 복음적 관심에 우선순위에 두어야 한다. 로마서 1장 16절의 "현재의 우선순위"에 대한 가장 명료한 설명은 로잔 유대인 전도 협의회Lausanne Consultation on Jewish Evangelism, LOP 7 Lausanne Occasional Paper 7에서 찾아 볼 수 있다.

> 그러므로 교회는 유대인들에게 그리스도를 전해야 할 큰 책임이 있다. 이것은 하나님 보시기에 유대인 전도가 더 중요하다거나 유대인 전도에 관여하는 사람들이 더 높은 소명을 가지고 있다는 것을 의미하지 않는다. 우리는 유대인 전도에 대한 성경적인 우선순위를 이해하고 실제로 적용하는 것이 어렵다는 것을 관찰한다. 우리는 모든 전도자, 선교사 그리고 그리스도들인이 비유대인에게 말하기 전에 자신의 복음 증거 영역 내에서 유대인을 먼저 찾으라고 요청할 때 "먼저는 유대인에게"를 급진적으로 적용해야 한다고 주장하지 않

는다. 그러나 우리는 세계 복음화 전략에서 교회가 이 하나님의 언약 백성을 위한 사역을 성경적 위치로 회복하도록 촉구한다.[15]

    그리스도인들은 주기도문에서 "아버지의 나라가 오게 하시며, 아버지의 뜻이 하늘에서와 같이 땅에서도 이루어지게 하소서"라고 기도한다. 유대인들은 카디쉬*Kaddish*에서 "그분이 당신의 생애와 당신의 시대에 그리고 온 이스라엘의 사람들 속에서, 그분의 나라를 속히 세우소서"라고 기도한다. 베드로후서 3장 12절은 예슈아를 믿는 자들은 하나님의 날이 속히 임하도록 노력해야 한다고 말한다. "특별히 유대인에게" 복음을 전하는 것이 "현재의 우선순위"인 이유 중 하나는 유대인 전도를 소홀히 하면 하나님 나라가 이 땅에 임하는 시기가 늦춰지기 때문이지 않을까?

---

15 *Ibid*.

Restoring the Jewishness of the
A Message for Christians
GOSPEL

04

축복

왜 복음의 유대성을 회복해야 하는가? 교회와 유대 민족 모두를 축복하기 위해서이다.

A. 교회는 어떻게 복을 받을 것인가?

우리는 이미 창세기 12장 3절에서 하나님께서 아브라함에게 "내 백성을 축복하는 자에게 내가 복을 주겠다"고 말씀하신 것에 대해 이야기한 바 있다. 이것은 바로 지금 그리스도인들이 경험할 수 있는 축복이다. 영적인 복이든 물질적인 복이든(롬 15:27) 유대 민족에게 주어진 모든 복은 교회가 받게 될 복으로 되돌아 올 것이다. "너는 네 떡을 물 위에 던져라 여러 날 후에 도로 찾으리라."[1]

---

1 전도서 11:1.

그러나 교회를 위한 더 큰 복이 예비되어 있다. 바울은 유대 민족에 관해 이방 그리스도인들에게 이렇게 말한다.

"그들이 버림받는 것이 세상의 화목을 의미한다면, 그들이 받아들여지는 것은 무엇을 의미할까? 죽은 자가 살아나는 것 같은 생명이 될 것이다."[2]

그것은 유대인과 그리스도인 모두에게 죽은 자가 살아나는 것 같은 생명이 될 것이다. 이것은 유대인들에게 성공적으로 복음을 전하기 위한 강력한 동기가 된다. 바울은 여기서 노력에 대한 대가로 "A"를 약속하지 않기 때문에 나는 "성공적으로"라는 단어를 강조한다. 유대인들이 실제로 예슈아를 "받아들일" 때만 "죽음으로부터 생명"이 올 것이다. 그리고 이 "죽음으로부터 생명"은 일부 그리스도인이 이해하는 활력과 선한 정서가 넘쳐나는 "부흥"이 아니라 부활 그 자체가 될 것이다! 부활은 "온 이스라엘이 구원받을" 때에만 일어날 것이다.

---

[2] 로마서 11:15(JNT).

B. 유대 민족은 어떻게 복을 받을 것인가?

'열방의 빛이 되라'는 오랜 목표를 실현하고 오래 동안 기다려온 구원을 받으면, 우리가 보았듯이 그 구원은 개인적이면서도 집단적일 것이다.

어떻게 이러한 복이 유대 민족에게 올 것인가? 물론 하나님으로부터 오지만 그분으로 부터 직접적으로 오는 것은 아니다. 오히려 교회를 통해, 특히 이방인 그리스도인들이 마침내 유대인들을 시기나게 할 때[3] 그들을 통해[4] 올 것이다.

유대인들이 지금 교회를 시기해야 할 이유가 있을까? 몇 년전 유대인 범퍼 스트커가 이 모든 것을 말해 준다. "키 73(Key 73)" 전도 캠페인에서 그리스도인들은 질투는 아니더라도 최소한의 관심을 불러일으키기 위해 자동차 범퍼에 "나는 찾았다"I found it라는 슬로건이 적힌 스티커를 붙였다. 이에 대해 유대인들은 "우리는 결코 잃어버린 적이 없습니다"라고 적힌 스티커로 답했다.

여기에는 세 가지 함의가 있다. 첫째, 유대인들은 범퍼 스티커를 붙힌 사람들이 찾았다고 하는 "그것"이 예수를 통한

---

[3] 로마서 10:19; 11:11, 14.
[4] 로마서 11:30-32.

하나님과의 관계라는 것을 잘 이해했다. 유대인들이 범퍼에 붙힌 스티커는 그들이 이미 하나님과의 관계를 맺고 있으므로 예수가 필요하지 않다고 말한다. 이것은 사실상 두 언약 신학을 세상에 선포하는 것이다. 그들은 사람들이 하나님과의 관계에서 벗어났기 때문에 구원을 받아야 한다고 가정하는 기독교 신학에 암시적으로 의문을 제기했다.[5]

둘째, 유대인들은 스티커를 통해 살아 계신 하나님과 관련된 심각한 문제를 그렇게 대수롭지 않게 다룰 수 있다는 생각 자체를 재미있게 꼬집었다. "보편적으로 중요한 궁극적인 문제에 대해 범퍼 스티커의 슬로건으로 이야기하고 싶으신가요? 찾았어요? '그것'? 질투해야 할까요? 농담이죠?"

셋째, 이 두 스티커들은 현재 알려진 유대교와 기독교에 차이점에 대해 많은 것을 말해 준다. 그리스도인: **나는** 작은 따뜻한 고치cocoon 속에서 혼자서 그것을 발견했습니다. 유대인: **우리** 유대인들, 하나님의 백성은 결코 그것을 잃지 않았습니다. 안타깝게도 기독교, 특히 대부분의 개신교는 공동체 정신을 표현하는 법을 잃어버렸다.

기독교는 이 핸디캡을 어떻게 극복할 수 있을까? 한 가지

---

[5] Abba Hillel Silver, *Where Judaism Differed* (New York: The Macmillan Company, 1956) 10장 "That Men Need To Be Saved"를 보라.

방법^{one way}이 있다!⁶ 유대인들을 진정으로 시기나게 만드는 것이다. 그러면 그리스도인들은 어떻게 유대인들을 시기나게 만들 수 있을까? 하나님의 긍휼을 유대인들에게 보여 주는 것이다. 이것이 바울이 로마서 9-11장 끝에서 이방인 그리스도인들에게 제시한 것이다.

> 너희가 전에는 하나님께 순종하지 아니하더니 이스라엘이 순종하지 아니함으로 이제 긍휼을 입었는지라 이와 같이 이 사람들이 순종하지 아니하니 이는 너희에게 베푸시는 긍휼로 이제 그들도 긍휼을 얻게 하려 하심이라 하나님이 모든 사람을 순종하지 아니하는 가운데 가두어 두심은 모든 사람에게 긍휼을 베풀려 하심이로다.⁷

어떤 사람들은 이 구절이 하나님께서 유대인에게도 이방인에게 보여 주신 것과 같은 긍휼을 베푸실 것이라고만 말하고 있다고 생각한다. 이것은 사실이지만 요점을 놓치고 있다. 바울은 로마서 11장 17-24절에서 이방인 그리스도인들에게 잘린 가지(믿지 않는 유대인)에 대하여 자랑하지 말라고

---

6 "One way!"는 "키 73"의 또 다른 슬로건이다.
7 로마서 11:30-32.

엄중히 경고한 후, 그들에게 긍휼을 베풀기 위해 매우 다른 일을 하라고 충고하면서 그의 권고를 맺는다. 하나님께서 그들에게 주신 자비를 유대인들에게 베풀라는 것이다. 그러나 바울은 하나님께서 유대인들에게 어떻게 자비를 베푸실지 수동적으로 지켜보라고 촉구하는 것이 아니다. 오히려 그는 이방인 그리스도인들에게 지금 당장 유대인들에게 적극적으로 자비를 베풀라고 권면한다. 하나님은 자신의 구원 계획에 적극적으로 참여하라고 요구하신다. 이것이야 말로 구원받지 못한 유대인들의 마음을 녹이고 그리스도인들을 시기하게 만들 수 있는 유일한 방법이다. 다른 것은 없다! 그러나 안타깝게도 이렇게 하려는 사람은 거의 없다.

바울은 하나님의 이 놀라운 계획으로 인해 경이로움에 휩싸이며, 로마서 11장 마지막에 갑자기 노래하기 시작한다. 이 노래는 환희로 가득차 있고 너무나 심오하여 신약성경 전체의 그 어떤 노래와도 비교할 수 없다. 나는 이 노래로 마치려 한다.

> 깊도다 하나님의 지혜와 지식의 풍성함이여,
> 그의 판단은 헤아리지 못할 것이며
> 그의 길을 찾지 못할 것이다.
> 이는 만물이 주에게서 나오고 주로 말미암고

72

주에게로 돌아감이라.

그에게 영광이 세세에 있을지어다.

아멘!![8]

---

[8] 로마서 11:33, 36.

부록

교회의 가장 큰 과제는
단지 유대인을 사랑하는 것 이상이다[1]

그리스도인들은 점점 더 그들이 "유대적 유산에 연결"되어 있다는 것을 인식하게 되었다. 많은 사람들은 단순히 예수가 유대인이고 초기 제자들과 사도들도 유대인이었으며 기독교가 유대교에서 나왔다는 사실을 인정하는 단계를 넘어섰다. 그들은 그들 자신의 믿음의 유대적 뿌리를 찾고 있고 유대인을 존중하며 심지어 사랑하고 있다. 그들은 창세기 12장 3절 "너를 축복하는 자에게는 내가 복을 내리고 너를 저주하는 자에게는 내가 저주하리니 땅의 모든 족속이 너로 말미암아 복을 얻을 것임이니라"라는 말씀을 인식하고 유대 민족을 축복하기 위해 최선을 다하고 있다.

그러나 유대 민족에게 관심을 기울여야 하는 더 깊은 이유

---

[1] 이 부록은 2006년에 작성된 하나의 완결된 에세이다. 따라서 이 책의 다른 장에 있는 내용과 반복되는 부분이 있다.

가 있는데 그것은 궁극적으로 그리스도인의 정체성을 근본부터 흔들어 놓기 때문이다. 이것과 관련된 본문인 에베소서 2장 11-13절은 이렇게 말한다.

> 그러므로 너희의 이전 상태를 기억하라. 너희는 그 때에 육체로는 이방인이요 손으로 육체에 행한 할례를 받은 무리라 칭하는 자들로부터 할례를 받지 않은 무리라 칭함을 받는 자들이라 그 때에 너희는 그리스도 밖에 있었고 이스라엘 나라 밖의 사람이라 약속의 언약들에 대하여는 외인이요 세상에서 소망이 없고 하나님도 없는 자이더니 이제는 전에 멀리 있던 너희가 그리스도 예수 안에서 그리스도의 피로 가까워졌느니라

이 구절에 따르면 하나님은 메시아이신 예수아를 통해 인간에게 행하시는 것은 무엇인가? 이에 대한 답으로 (1) 그분은 인간에게 죄를 깨닫게 하시고 메시아이신 예수아를 통해 죄를 용서해 주신다(이것은 위의 인용문 앞 열 구절에서 말해 주는 것이다). 그런 다음 (바울이 여기서 언급하고 있는 것처럼) 만약 이방인이기 때문에 아직 하나님의 특별한 백성인 하나님의 백성에 속하지 않는 경우라면 (2) 하나님은 그들을 자신의 백성의 일원으로 삼으시고 (3) 자신의 언약에 참여시키시며, (4)

약속을 이행하시고, (5) 이 힘든 세상에서 소망을 주시고, 마지막으로 (6) 하나님 자신을 알게 하신다. 유대인이어서 하나님의 백성에 속하는 사람이라면 (2)부터 (6)까지는 이미 가지고 있으므로 다시 받을 필요가 없다. 다르게 말하면 유대인은 이미 (2)부터 (6)까지를 이미 가지고 있으며 예슈아를 통해 그들에게 오는 유일한 새로운 것은 (1)이다. 따라서 확실한 죄 사함은 유대인들이 마지막으로 얻는 것이다. 이방인은 먼저 죄 사함을 받았지만 그들이 하나님과의 언약, 약속, 소망, 친밀함을 얻는 것은 오직 예슈아와의 연결을 통해서만 가능하다. 그리고 이방인들이 이러한 것들을 얻을 수 있는 것은 유대인들과 연합했을 때에만 가능하다. 유대인들은 이것들을 이미 가지고 있지만 예슈아의 속죄의 죽음을 통한 죄 사함이 없이는 오는 세상에서 아무것도 얻지 못한다.

따라서 이 여섯 가지에는 순서가 있으며, 이 순서는 유대인의 경우와 이방인의 경우가 다르다. 순서는 중요하지 않은 세부 사항처럼 보일 수 있지만 이 순서를 바로 잡는 것이 현재 메시아의 몸이 직면한 가장 중요한 도전이라고 생각한다.

이방인의 개인적, 공동체적 구원

사도 바울은 에베소서 2장 11-13절에서 이방인들을 위한 순서를 선언할 때 유대인이 아닌 이방인을 언급하고 있다는 점을 매우 분명하게 밝히고 있다. 12절은 메시아를 최우선에 둔다. 12절을 풀어서 쓰면 다음과 같다. 이제 이방인 여러분은 그분을 "소유하게" 되었으므로 다음 다섯 가지 축복을 순서대로 받게 된다. (1) 이스라엘 나라의 삶에 포함되고, (2) 하나님의 약속이 있는 (3) 그분의 언약에 포함되며, (4) 장래의 좋은 것에 대한 확실한 소망을 가진 사람들 가운데 포함되며, 마지막으로 (5) 하나님을 "소유한" 사람들 가운데 포함된다.

얼마나 많은 교회들이 메시아가 이방인에게 주신 첫 번째 선물은 이스라엘(유대 민족) 나라의 삶(KJV에는 "이스라엘 연방"[commonwealth of Israel]이라고 표현)에 포함되는 것이라고 가르치는가? 유대 민족을 온전히 또는 잠정적으로나마 포용하는 그리스도인은 얼마나 될까? 매우 적다. 이러한 점이 명시되어 있는 신조는 있는가? 내가 아는 한 없다. 실제로 이방인 그리스도인들은 자신들이 이스라엘 나라의 삶 속으로 들어왔으며, 예수를 믿는 믿음으로 유대 민족과 분리될 수 없고 영원히 결합되었다는 사실조차 거의 알지 못한다.

이것이 에베소서 3장 4-6절의 의미이다. 이 구절에서 바울은 이렇게 말한다.

> 그것을 읽으면 내가 그리스도의 비밀을 깨달은 것을 너희가

75

알 수 있으리라 이제 그의 거룩한 사도들과 선지자들에게 성령으로 나타내신 것 같이 다른 세대에서는 사람의 아들들에게 알리지 아니하셨으니 이는 이방인들이 예슈아와의 연합과 복음으로 말미암아 **하나님의 약속 안에서 유대인과 함께 상속자가 되고 함께 지체가 되고 함께 약속에 참여하는 자가 됨이라**

대체주의 / 대체신학

역사적으로 교회는 대체신학을 통해 기독교 신앙의 내용에서 이 진리를 삭제해 왔다. 예를 들어 기독교 신조에 예수가 하나님의 아들이자 삼위일체의 두 번째 위격이라는 사실이 포함되어 있지만 그가 유대인의 왕이라는 것을 언급하는 신조가 있는가? 대신 교회는 존재하는 대부분의 기간 동안 그리스도인은 이스라엘 백성인 유대 민족과 연합한 것이 아니라 교회가 이스라엘을 대체하여 스스로 이스라엘이 되었다고 가르쳤다. 따라서 교회는 메시아가 이방인들에게 주신 다섯 가지 선물 중 첫 번째 선물을 건너 뛰려고했다. 교회는 이스라엘 나라의 삶에서 단절된 채 하나님과 그의 소망과 약속과 언약을 "소유하고" 있다고 주장한다.

하지만 그런 식으로 작동하지 않는다. 결코 그렇게 된 적이 없다! 예수아가 나타나기 천여 년 전에 룻은 이미 이 사실을 알고 있었기 때문에 나오미에게 모압에서 이스라엘 땅 베들레헴으로 자신을 데려가 달라고 간청하면서 "암메크 암미 베엘로하읶 엘로하이", 즉 "어머니의 백성이 나의 백성이 되고 어머니의 하나님이 나의 하나님이 되시리니"(룻 1:16)라고 말했던 것이다. 룻은 먼저 나오미가 속한 민족에 합류했다. 그러고 나서야 그녀는 유일한 하나님이신 유대인의 하나님을 자신의 하나님으로 받아들였다.

그리스도인들은 그들이 예수 안에서 큰 유대 가족의 일원이 되며, 이 가족 관계 안에서 하나님과 그분의 언약과 약속과 소망을 발견하게 된다는 사실을 룻이나 바울로부터 배워야 한다. 이것이 로마서 11장 17-24절에 나오는 올리브 나무 비유의 의미이다. 이 비유는 야생 올리브 나무 가지인 이방인이 원가지(유대인)가 있는 하나님의 원 올리브 나무(유대 민족)에 접붙임 되었다고 말한다. 여기서 말하는 것은 신비적인 것이 아니라 실제적인 것이다. 이방인은 유대인 예수아를 믿는 믿음을 통해 예수아를 발견하고 자신의 죄를 위한 대속자로 그를 받아들이는 유대인과 이방인뿐만 아니라 예수아를 받아들이지 않는 유대인과도 하나님 안에서 견고하고 복된 관계를 가질 수 있다.

유대인이 그리스도인을 "가족"으로 환영하지 않는다면 그것은 유대인의 잘못이 아니라 메시아 예슈아 안에서 자신이 진정 누구인지 이해하지 못하는 그리스도인의 잘못이다. 그러므로 그리스도인들은 자신의 정체성을 재고하여 수 세기에 걸친 유대인과 그리스도인 사이의 오해를 풀고, 궁극적으로 유대 민족과의 친밀감과 동일성을 실현하는 데 필요한 모든 것을 해야 할 책임이 있다.

따라서 이방인을 위한 복음은 (1) 예슈아를 영접하고 회개하여 죄 사함을 받고 (2) 이제 가족이 된 유대 민족과 영적으로 실질적으로 연합하며 (3) 유대 민족과 맺은 하나님의 언약에 가족 구성원으로 참여하고 (4) 가족 구성원으로서 유대 민족에게 주신 하나님의 약속을 기뻐하고 예슈아를 믿는 이방인 신자들에게 주신 하나님의 약속에 참여하며 (5) 하나님이 그의 백성에게 주시는 소망에 참여하고 (6) 하나님 그분 안에 거한다.

유대인의 개인적, 공동체적 구원

그러나 유대인에게 복음은 다르게 작동한다. 물론 같은 복음이지만 유대인은 이미 하나님의 백성이기 때문에 메시아 예슈아의 복음은 다른 방식으로 다가온다. "천하 사람 중에 구원을 받을 만한 다른 이름을 우리에게 주신 일이 없음이라!"(행 4:12)라는 말씀처럼 유대인 개개인도 메시아를 통해서만 속죄와 죄 사함을 받는다는 것은 여전히 사실이다. 그러나 유대인은 이스라엘 연방commonwealth of Israel에서 소외되는 것이 아니라 그들이 바로 이스라엘 나라이다! 그들은 이미 언약과 약속을 가지고 있기 때문에 공동체적 의미에서 그들은 이미 소망을 가지고 있고 하나님을 "소유"하고 있다. 그러나 유대인들이 예슈아를 받아들이지 않는다면 예슈아를 받아들였을 때와 같은 의미에서 하나님과 소망을 소유하지 못한다. 예슈아를 영접한 후에야 그들은 개인적인 구원의 의미에서 하나님과 소망을 소유하게 된다. 즉, 그들은 예슈아의 속죄의 죽음으로 말미암아 자신의 죄를 용서받고 하나님께서 그들을 의롭다 하시며 하나님과 함께 영생할 것이라는 확실한 소망을 가지게 된다. 유대인이 예슈아를 영접하기 전에는 하나님과 함께 영생할 것이라는 확실한 소망을 가지지 못하지만, 유대 민족에게 주신 집합적 약속, 예를 들어 이스라엘 땅에 대한 약속은 공유한다. 유대인에게는 집합적인 의미와 개인적인 의미 모두에서 하나님이 필요하다. 왜냐하면 이것이 하나님께서 그렇게 하도록 정하신 방식이기 때문이다.

두 언약 신학의 오류[2]

프란츠 로젠츠바이크Franz Rosenzweig는 현재 이중 언약 신학이라고 부르는 것을 제안했다. 세속적인 환경에서 자랐음에도 불구하고 이 유대인 철학자는 요한복음 14장 6절 "예수께서 이르시되 내가 곧 길이요 진리요 생명이니 나로 말미암지 않고는 아버지께로 올 자가 없느니라"를 해석하려고 했다. 그는 이 말씀을 다음과 같이 이해해야 한다고 믿었다. "내가 곧 길이요 진리요 생명이니 나로 말미암지 않고는 이방인은 아버지께로 올 수 없느니라." 로젠츠바이크는 유대인들은 그들이 이미 아버지와 함께 있기 때문에 예슈아가 필요하지 않고 이방인들에게 필요하다고 가르쳤다. 그러나 그러한 로젠츠바이크의 가르침은 집합적인 의미에서는 옳을 수 있지만 개인적인 의미에서는 틀렸다. 유대인 공동체는 늘 아버지와 함께했으며 (그렇기 때문에) 유대인 공동체는 아버지께서 특별히 복을 주고 복이 되게 하려고 아브라함을 선택하신 이후로 계속 존재해 왔다(창12:1-3). 그리고 개별 유대인은 이 공동체적 약속을 함께 공유한다. 그러나 유대인 개인에게도 유대인이 아닌 개인과 마찬가지로 구원, 즉 죄에 대한 용서와 하나

---

[2] 130-138쪽을 보라.

님의 의가 필요하다. 유대인 개개인은 예수아를 신뢰함으로써 이것을 얻는다. 예수아께서 말씀하신 것처럼 다른 길은 없다.

마이클 위쇼그로드의 공헌[3]

정통 유대교 철학자 마이클 위쇼그로드Michael Wyschogrod는 다른 어떤 유대인 작가들에게서는 발견할 수 없는 예수아에 관한 글을 썼다. 그는 이스라엘(유대 민족)은 하나님의 백성이며, 전통적으로 유대인이 되는 두 가지 방법—유대인 어머니에게서 태어나거나 유대교로 개종—이 있다는 것을 언급한 후 예수께서 "하나님의 백성"이 되는 세번째 방법을 제시했다고 믿는다. 그는 실제로 예수께서 이방인이 유대인이 되지 않고도 "하나님의 백성"이 될 수 있도록 하셨다고 말한다.

유대인 작가로서는 놀랍고 주목할 만한 주장이다. 그러나 이 주장은 그리스도인들이 유대인들을 대체하는 것이 아

---

3 위쇼그로드의 *The Body of Faith: God and the People of Israel* (Lanham: Rowman & Littlefield Publishers 1996)와 *Abrahams Promise: Judaism and JewishChristian Relations* (Grand Rapids: Wm. B. Eerdman's Publishing 2004)을 보라.

니라, 단순히 존중하거나 사랑하는 것을 넘어 유대인들과 연합하여 가족 구성원이 되는 것이 그들이 해야 할 일이라는 것을 이해할 때만 살과 뼈를 갖게 된다. 유대인을 대하는 그리스도인의 태도는 "유대인은 나의 (믿음의) 고향home이요 나의 가족이다"라는 고백이어야 한다. 유대 민족이 그리스도인을 가족으로 받아들이거나 그렇지 않거나의 여부는 복음이 유대인에게 어떻게 제시되는지에 달려 있으며, 그것은 복음 제시의 바른 길을 찾아야 하는 그리스도인과 메시아닉 유대인의 과업이다. 이러한 복음 제시의 필수적인 측면으로 인해 그리스도인들이 그들의 말과 행동으로 이스라엘 나라의 삶에서 단절된 유대 민족의 적으로, 또는 유대인과는 아무런 관련이 없고 그들을 염두에 두지 않는 사람들로, 또는 심지어 유대인을 존중하고 사랑하는 외부인으로 자신을 정의하는 방식이 아니라 내가 제시한 방식으로 이방인 그리스도인들을 정의해야 할 것이다. 위에서 그리스도인들이 유대인과 관련하여 제시한 이러한 정의들은 단지 그리스도인들이 믿는다고 주장하는 본문과 모순될 뿐 아니라 유대인을 향한 죄악된 행동, 즉 유대 민족을 복음과 하나님의 백성인 이방인 가지에서 멀어지게 하는 행동을 조장하는 경우가 많다.

그리스도인들은 유대 민족과 관련해서 그들이 누구인지 재정의해야 하며, 그런 다음에 유대인들에게 복음을 전하려는 새로운 헌신과 함께 그 재정의의 결과에 따라 행동해야 한다. 이것이 교회가 직면한 가장 큰 과제이다.

히브리어 단어와 이름 해설

히브리어 모음과 이중모음은 다음 단어들에서 이탤릭체로 표시된 것과 같이 발음된다. f*a*ther, a*i*sle, b*e*d, ne*i*ghbor, *i*nvest (보통 강세가 없을 때) 또는 mar*i*ne (보통 강세가 있을 때), *o*bey, r*u*le. "ch"는 요한 세바스챤 바흐^{Bach}에서 "흐"처럼 발음된다. "kh"도 마찬가지이다(따라서 이 책에서 *Tanakh*는 타나흐로 음역했다). "g" 발음은 항상 어렵다^{give}. 다른 자음들은 보통 영어에서 발음되는 것과 같다. 강세가 있는 음절은 굵은 글자로 표시되어있다. 이 용어집은 일반적으로 이스라엘 발음으로 표시되었다. "Ashk"는 영어권 국가에서 흔히 사용되는 특정 아쉬케나지(독일과 동유럽) 발음을 나타낸다.

- **고임**go-yim, 단수 goy[׳וג], Ashk. **goy**-im: 열국, 이교도, 이방인
- **네티라트–야다임**n'·ti·**lat**-ya·**da**·yim[ם׳ד׳: תל׳טנ]: 성경이 아니라 할라카*halakhah*, 구전 토라에 따르면 먹기 전에 요구되는 제의적 손 씻기.

- **드라쉬 또는 미드라쉬**drash[דרש] 또는 mi·drash[מדרש], Ashk: mid·rash: 랍비들이 본문을 해석하는 네 가지 방식 중 하나. 본문을 우화적allegorical으로 적용하거나 설교적homiletical으로 적용하는 방식(문자적으로 "탐색").
- **람밤**Ram·bam: 랍비 모쉐 벤 마이몬Rabbi Moshe ben Maimon의 두음 약어로, 마이모니데스Maimonides, 1135-1204는 중세 시대에 가장 잘 알려진 유대 학자이다.
- **레메즈**re·mez[רמז]: 문자적으로 "힌트", "실마리"라는 뜻. 랍비들이 본문을 해석하는 네 가지 방식 중 하나. 레메즈 방법에서는 텍스트가 평범한 단순한 의미를 전달하는 것이 아니라 더 깊은 진리를 암시하는 것으로 간주된다.
- **마쉬아흐**Ma·shi·ach[משיח]: 메시아 Messiah, 문자적으로 "기름 부음 받은 자". 그리스어로는 *christos*로 번역되고 여기에서 영어 단어 그리스도christ가 나왔다. 히브리 성경Tanakh의 수십 가지 예언에서 예견된 왕으로, 유대 민족을 억업자에서 구원하고 세상에 평화를 가져올 왕이다. 신약성경에는 예슈아가 바로 약속된 메시아이시며, 평화를 가져오기 위해 세상 죄를 위한 속죄 제물로 십자가 상에서 죽으시고, 그를 신뢰하는 자들을 위해 중보하기 위해 죽은 자 가운데서 부활하신 분으로 묘사되어 있다. 그가 재림 하실때에 유대 민족의 국가적 열망을 성취하며 세상에 평화를 가져오실 것이다.

- **미드라쉬** mi·drash, Ashk. mid·rash: '드라쉬' 참조.
- **미츠바** mitz·vah[מִצְוָה], 복수 mitzvot, Ashk. mitz·vah: 계명.
- **브라카** b'ra·khah[בְּרָכָה]: 축복, 축복기도
- **비르카트 하미님** Bir·kat-Ha-Mi·nim[בִּרְכַּת הַמִּינִים]: 기원후 약 90년경에 주요 회당 예전에 포함된 한 종파(보통 초기 유대 그리스도인)를 저주하는 기도문
- **브리트-밀라** b'rit-mi·lah[בְּרִית מִילָה], Ashk. bris-mil·lah: 할례 언약, 할례식
- **산헤드린** San·he·drin[סַנְהֶדְרִין]: 제2성전 시대의 유대 법정.
- **샤밧** Shab·bat[שַׁבָּת], Ashk. Shab·bos: 안식일, 한 주의 일곱째 날(토요일).
- **샤부옷** Sha·vu·'ot[שָׁבוּעוֹת], Ashk. Sha·vu·os: 오순절. 3대 절기 중 하나.
- **소드**: 문자적으로 "비밀"이라는 뜻. 랍비들이 본문을 해석하는 네 가지 방식 중 하나. 히브리어 문자의 숫자 값을 사용하여, 그렇지 않으면 알 수 없는 "비밀"을 드러내는 해석 방식.
- **쉐키나** Sh'khi·nah[שְׁכִינָה]: 하나님 현존의 영광.
- **아도나이** A·do·nai [אֲדֹנָי]: 나의 주, 만물의 주. 유대인이 부르는 하나님의 개인 이름 Y-H-V-H(여호와).
- **아멘** A·men[אָמֵן]: 그렇게 될 것이다. 예 yes, 참으로
- **아인 라아** 'a·yin ra·'ah[עַיִן רָעָה]: 문자적으로 "악한 눈". 아인 라아는 "인색하다"라는 뜻이다

- **아인 토바** 'a·yin to·vah[עין טובה]: 문자적으로 "좋은 눈", 아인 토바는 "관대하다"는 뜻이다.
- **예슈아** Ye·shu·a[ישוע]: 마태복음 1장 21절에 따라 그에게 주어진 메시아의 이름. 이 이름은 히브리 성경Tanakh에 약 30번 나오는데, 여호수아Joshua의 단축형이다. 그것은 "하나님께서 구원하신다" 또는 "구원"이라는 의미이다. 예슈아라는 이름은 그리스어로 이에수스Iesous로 번역되었으며 거기에서 영어 "지저스Jesus"로 번역되었다.
- **예슈아** ye·shu·'ah[ישועה]: 구원, 해방.
- **에레츠-이스라엘** E·retz-Yis·ra·el[ארץ ישראל]: 이스라엘 땅.
- **욤 키푸르** Yom Kip·pur[יום כפור], Ashk. Yom **Kip**·pur: 속죄일
- **찌찌옷** tzi·tzi·**yot** [ציצית], 단수 tzi·**tzit**, Ashk. **tzi**·tzis: 민수기 15:37-41의 계명을 따라 만든 옷의 모서리에 달린 술.
- **카디쉬** Kad·**dish**[קדיש], Ashk. Kad·**dish**: 하나님을 송축하는 고대 기도문. 주기도문과 비슷하다. (1) 회당에서 예배의 한 부분을 끝내기 위해 (2) 애도자들이 낭송한다.
- **카슈룻** kash·rut[כשרות]: 유대 음식법 체계
- **칼 바호메르** kal v'·cho·mer[קל וחמר]: "한층 더"라는 문구로 표시되는 '아 포르티오리'a fortiori, 라틴어로 "더 유력한" 주장. "만약 X가 참이라면 Y는 훨씬 더 참이어야 한다"
- **키파**·kip·**pah**[כפה], 복수 kip·**pot**: 유대인 남자가 정수리를 가리기 위

해 쓰는 테두리 없는 작은 모자. 야물커 *yarmulke*, 이디쉬어

- **코셔** ko·sher[כשר]: 아쉬케나지식 발음으로 미국에서는 거의 이렇게 발음한다. 이스라엘 발음은 카쉐르 kasher로 (유대 음식법에 따라 먹기에) '적합한'이라는 뜻이다. 카슈룻 kashrut은 "유대 음식법 체계"로 명사이다. "코셔"를 지키는 것은 카슈룻을 준수하는 것이다.

- **코하님** co·ha·nim, 단수 co·hen[כהן], Ashk: co·hen: 제사장

- **콜** kol[כל]: 모든

- **타나흐** Ta·nakh[תנ"ך]: 히브리 성경(구약성경)의 주요 세 부분인 토라(오경), 네비임(예언서), 케투빔(성문서)에 해당하는 히브리 단어의 두(頭)문자어.

- **탈무드** Tal·mud[תלמוד], Ashk. Tal·mud: 기원후 2세기와 5세기 사이에 만들어진 유대 구전 토라의 편집본으로 미쉬나와 게마라로 구성되어 있다. 손치노 soncino 영어 번역본은 약 2피트(약 61cm)의 책장 공간을 차지한다. 정통 유대교에서는 구전법(신약성경에서 "장로들의 전통"이라고 부르는 것)을 오경이나 성문 토라와 함께 하나님께서 시내산에서 모세에게 주신 것이라고 간주한다.

- **티쿤-하올람** tik·kun-ha·'o·lam[תקון העולם]: 세상을 바로잡고 고치는 것.

- **토라** To·rah[תורה], Ashk. To·rah: 율법, 문자적으로 "가르침."

- **트레이프** treif: 이디쉬어로 유대인의 음식법에 따라 먹기에 적절하지 않은 것. 코셔의 반대말. 문자적으로 "찢어진."
- **페샤트** p'shat[פשט]: 랍비들이 본문을 해석하는 네 가지 방식 중 하나. 본문의 평이하고 단순한 의미로 현대 해석가들이 문법-역사적 주해(문자적으로 "단순한")라고 부르는 것이다.
- **하누카** Cha·nu·kah[חנכה], Ashk: Cha·nu·kah: 기원전 164년 마카비 가문이 성전을 재봉헌한 것을 기념하는 유대 절기 또는 수전절. 이에 대한 최초의 역사적 언급은 신약성경 요한복음 10장 22절에 있다.
- **하그부라** Ha·G'vu·rah [הגבורה]: 능력, 위엄(하나님)
- **할라** chal·lah[חלה]: 빵이나 케잌. 특히 안식일을 위해 흰 밀가루로 만든 특별한 빵. 그러나 로마서 11장 16절에서는 민수기 15장 20절(이 단어가 나오는 곳)과 미쉬나의 할라 항목에 따라 제사장을 위해 따로 떼어 놓은 밀가루 반죽의 몫을 가리킨다.
- **할라카** ha·la·khah[הלכה], 복수 ha·la·khot: (1) 전통 유대교에서 결정적인 법령 체계(문자적으로 "걷는 길"). (2) 특정 법령 또는 법적 결정. 자세한 내용은 제2장 각주 53번을 참조.

참고 문헌

Chapman, Colin. *Whose Promise Land?* Ada: Baker Books, 2002.

Cranfield, C. B. E. *Romans: International Critical Commentary* Edinburgh: T. & T. Clark Publishers, 2004.

_____. "St. Paul and the Law", *Scottish Journal of Theology* (1964) 43–68.

Dake, Finnis Jennings. *Dake's Annotated Reference Bible*, Lawrenceville: Dake Bilbe Sales, Inc., 1961. New Testament 313–316.

Davies, W. D. *Paul and Rabbinic Judaism*, 4th ed. philadelphia: Siglar Press, 1980.

Fischer, John. *The Olive Tree Connections*. Downers Grove: InterVarsity Press, 1983.

Fruchtenbaum, Anold. *Hebrew Christianity: Its Theology, History and Philosophy*. San Antonio: Ariel Ministries, 1995.

Fuller, Daniel P. *Gospel and Law: Contrast or Continuum?* Pasadena: Fuller Theological Seminary, 1990.

Glaser, Mitch. "To the Jew First: The Starting Point for the Great Commissions." Lecture presented at Covenant Theological Seminary, 1984.

House, Wayne H. and Ice, Thomas. *Dominion Theology: Blessing or Curse?* Portland: Multnomah Press, 1988.

Huebner, Hans. *Law in Paul's Thought*. Edinburgh: T. & T. Clark, 1984.

Jervell, Jacob. *The Unknown Paul*. Minneapolis: Augsburg Fortress Publishers, 1984.

Jocz, Jacob. *The Jewish People and Jesus Christ*. Ada: Baker Book House, 1979.

Juster, Daniel. *Growing To Maturity*. Albuquerque: Union of Messianic Jewish Congregations, 1982.

_____. *Jewish Roots*. Shippensburg: Destiny Image, 1995.

Kaplan, Mordechai M. *The Greater Judaism In The Making*. New York: The Reconstructionist Press, 1967.

Lehmann, Helmut T. *Luther's Works* Philadelphia: Fortress Press and St Louis: Concordia Publishing House, 1962-1974.

Lindsey, Hal. *The Road to Holocaust*. New York: Bantam Books, 1989.

Luther, Martin. *On the Jews and Their Lies* (1543), translated by Martin H. Bertram. Raliegh: Lulu Publishing, 2009.

Rausch, David. *Messianic Judaism*. New York and Toronto: Mellen Press, 1982.

Sanders, E. P. *Paul, the Law, and the Jewish People*. Philadelphia: Augsburg Fortress Publishers, 1983.

_____. *Paul and Palestinian Judaism* (London: Augsburg Fortress Publishers, 1977).

Schaeffer, Edith. *Christianity Is Jewish*. Wheaton: Tyndale House Publishers, 1975.

Schiffman, Lawrence H. *Who Was A Jew? Rabbinic and Halakhic Perspectives on the Jewish-Christian Schism*. Hoboken: Ktay Publishing House, 1985.

Schonfield, Hugh. *The History of Jewish Christianity*. London: Duckworth, 1936.

Silver, Abba. *Where Judaism Differs*. New York. The Macmillian Company, 1956.

Sloyan, Gerard S. *Is Christ the End of the Law?* Philadelphia Westminster Press, 1978.

Stern, David H. *Messianic Judaism*. Clarksville: Messianic Jewish Publishers, 2007.

_____. *Jewish New Testament*. Clarksville: Jewish New Testament

Publications, 1989.

_____. *Jewish New Testament Commentary*. Clarksville: Jewish New Testament Publications, 1992.

_____. *Complete Jewish Bible*. Clarksville: Jewish New Testament Publications, 1998.

Williamson, Clark M. *Has God Rejected His People?* Nashville: Abingdon, 1982.

"Dialogue With Trypho, A Jew." In *The Ante-Nicene Fathers*. edited by Alexander Roberts and James Donaldson, Volume I, 194-270. Grand Rapids: Wm. B. Eerdmans Publishing Company, 1974.

"Profession of Faith, from the Church of Constantinople: From Assemani, Cod. Lit., I, p. 105." In James Parkes', *The Conflict of the Church and the Synagogue* 397-398. New York: Atheneum, 1974.

Toland, John. *Nazarenus* 1718; quoted in both Rausch (op. cit in Chapter II, footnote 28) and Schonfield (op. cit, in footnote 45).

성경과 초기 문헌 색인
타나흐(구약)

창세기
2:17　　　　　　　　24
12:3　　37, 59, 60, 69, 73, 78
12:7　　　　　　　　35
13:14-17　　　　　　35
15:6　　　　　　　　25
15:7-21　　　　　　　35
17:7-8　　　　　　　35
21:13　　　　　　　　37
24:7　　　　　　　　35
26:2-4　　　　　　　35
28:3-4　　　　　　　35
28:13-15　　　　　　35
35:11-12　　　　　　35

출애굽기
4:22　　　　　　　　28
32:13　　　　　　　　35

레위기
11　　　　　　　　　52
18:5　　　　　　　　45
19:18　　　　　　　　27

민수기
15:20　　　　　　　　74
15:37-41　　　　　54, 77

신명기
10:17-19　　　　　　37
21:22-23　　　　　　45
27:26　　　　　　　　45
28:13　　　　　　　　22

여호수아
7　　　　　　　　25, 29

룻기
1:16　　　　　　　　76

사무엘하
7:14　　　　　　　　38

열왕기상
8:46　　　　　　　　24
9:3-9　　　　　　　　29

시편
2:7　　　　　　　　28
51:12(51:14)　　　　25
110:1　　　　　　　　66
118:26　　　　　　　31
143:2　　　　　　　　24

잠언
30:4　　　　　　　　28

전도서
7:20　　　　　　　　24
11:1　　　　　　　　69

이사야
9:6-7　　　　　　　　28
19:24-25　　　　　　21
42:1-9　　　　　　　29
49:1-13　　　　　　　29
49:1-6　　　　　　　29
50:4-11　　　　　　　29
52:11-53:12　　　　　29
52:13-53:12　　　　　24
53　　　　　　　　　29
59:1-2　　　　　　　24
64:5-6　　　　　　　24

예레미야
22:5	31
31:30-37	32
31:30-34	36, 48, 67
31:31-32	36

에스겔
36:22-36	32

다니엘
7:13	66

호세아
11:1	27, 28

미가
6:8	37

하박국
2:4	45

스가랴
1:15	61
2:8	59
12:10	35
12:14	35

신약

마태복음
1:18-25	28
1:21	77
2:15	27
5:13	38
5:17	33
6:21	24, 28
6:23	58
6:24	28
12:43-45	48
18:15-17	54
18:18-20	55, 58
23:37-39	30
23:37	66
23:39	66
24:30	35
28:18-20	1
28:19	54

마가복음
7:1-20	51
7:2-5	51
7:19	51
14:61-62	66

누가복음
11:23	62
21:20-21	18

요한복음
4:22	9
6:15	38, 66
7:22-23	50
7:23	50
8:12	29
8:32	30
10:22	74
10:35	32
14:6	64, 66, 77

사도행전
1:6-7	39
1:15	15
2:41	15
4-9	15
4:4	15
4:12	15, 77
5:29	54
9:31	15
10:1-11:18	1
10	vi, 1, 15, 52
10:9-17	52
10:28	52
11	15
12	15
13-28	15
13:9	76
15	53
15:20	1, 53
15:21	53
16:3	8
17:2	8
18:18	8
20:16	8
20:27	ix, 27
21:20	15, 53
21:23-27	8
23:7	8
25:8	8
28:17	8

로마서
1-8	24

1-3	24	**고린도전서**		2:13	21
1:16	vii, x, 57, 67, 68	5:1-6:7	54	2:14-19	21
3:2	9, 58	7:29-31	36	3:4-6	58
4-6	24	9:19-22	1	5:22 - 6:9	53
5:12-21	29	9:20	43, 44		
6:14	47	11:17-34	54	**빌립보서**	
7-8	25	11:2-16	12	2:1-11	27
7:12	42	14:26-40	54		
8:30	31	14:34-36	53	**골로새서**	
8:31-39	31	15:45-9	29	3:18 - 4:1	53
9-11	31, 71				
9:4-5	9, 59	**고린도후서**		**데살로니가후서**	
9:4	46	1:20	33, 34	2:1-2	36
9:30-10:11	42	2:5-11	54		
10:4	41			**디모데전서**	
10:12	21	**갈라디아서**		3:1-13	53
10:19	70	1:6-9	ix	5:3-16	53
11	72	2			
11:11	70	2:11-14	50, 51, 52	**디모데후서**	
11:14	70	3:10-13	44	3:16	32
11:15	69	3:10	45		
11:16-26	13	3:11	45	**히브리서**	
11:16	74	3:12	45	7:11	46
11:17-24	71, 76	3:13	45	7:12	35
11:26	34	3:15-17	35	7:18-19	35
11:29	34	3:28	9, 21	8:6	45, 46
11:30-32	70, 71			8:9-12	48
11:33	72	**에베소서**		8:9	36
11:36	72	2:11-22	9	8:10	36
13:1-7	54	2:11-16	66	8:13	36
15:27	69	2:11-13	73, 74	13:7	53
		2:12	15	13:17	53

야고보서
2:14-26   25

베드로전서
3:1-7 53

베드로후서
3:12   68

요한계시록
7:9   26

Church of Constantinople: Profession of Faith
Justin Martyr: *Dialogue With Trypho, A Jew*
Pseudepigrapha: Enoch 93:5
Talmud:
  Shabbat 128a ff.
  Tohorot ("Purities")

일반 색인

Abraham 14-15, 35, 37, 59, 60, 65, 69, 73
Achan 25, 29
Akiva, Rabbi 18
Antisemitism x, 24, 48, 57, 5, 9-61, 63
Arabs x, 36-38
Assyria 21
Atonement 24, 40, 58, 77
Augustine 60
Bar-Kochba 18
Birkat-HaMinim 19
Burke, Edmond 62
Chanukah 5
Christ (*see Messiah*)
Church ix, 1, 3-5, 7, 11-17, 19, 20-24, 26, 29-30, 33, 40, 47-48, 53, 56, 58-60, 63, 65, 67, 69-70, 81
Circumcision 1, 8, 19, 50
Contextualization 1, 5, 7-9
___, all things to all men 2
Converting to Christianity 3, 65
___, to Judaism xi, 4, 53, 55, 58

Cornelius 1, 15, 52
Corporate 24, 71
Covenant(s) 1, 12, 32, 35-36, 45-46, 48-50, 53-55, 58, 66-67
___, Abrahamic 35, 65
___, Mosaic ("Old") 5, 35, 36, 65
___, New 1, 32, 35-36, 45-46, 48-50, 53-55, 58, 66-67
___, priority 1, 12, 32, 35-36, 45-46, 48-50, 53, 54-55, 58, 66-67
___, theology 1, 12, 32, 35-36,
___, theology (*cont.*) 45-46, 48-50, 53-55, 58, 66-67
___, two covenant theology
1, 12, 32, 35, 36, 45-46, 48-50, 53-55, 58, 66-67, 77
Cranfield 14, 43
Culture 1-3, 5-9, 20, 26, 61
___, Jewish 2, 8-9, 20
David 30, 33, 38
Dietary laws (*kashrut*) 4, 51-52, 75, 77
Dispensational theology 12, 83

Ecclesiology	12-24
Egypt	21, 27-28, 37
Elizabeth II, Queen	22
Evangelism	6-9, 68
____, of Jewish people	62
____, Type I, II, III	6-7
____, Type IV	8-10
Evil eye	58
Festivals, Jewish	5, 8

Gentile(s)   ix, xi, 2, 4-5, 7-10, 13-15, 19-21, 23-24, 26, 30, 39, 44, 46, 48-49, 51-55, 58, 59-60, 62, 64-72, 74

Gentilizing   8, 9, 19

statement of Church of Constantinople
3, 4

Glaser, Mitch   67-68

God   ix, xi, 2-6, 9-15, 18, 20-28, 30-41, 44-45, 47-49, 51-53, 55-56, 58-74, 76-77

Gospel, corporate and individual

aspects   ix, 5, 25-27, 30, 47, 64, 70-71

Great Commission   ix, 1, 5, 56, 62, 67

Halakhah; halakhot   49, 53-54

Ham sandwich   3-4, 8

Hawaii   3

Hebrew Christian movement   5, 23

Holy Spirit   10-11, 25, 27, 40, 56

Hosea   27-28

Identification of Yeshua with Israel
27-30,

____, of Yeshua with the Church
29-30

Individual (*see Gospel*)

Interpretation of Scripture

____, rabbinic   28-29

Isaac   14, 35, 65

Ishmael   37

Israel   xi, 12-15, 21-24, 26-36, 38-40, 47, 55, 59, 66, 68, 70-71, 73-75

Jacob   1, 14, 29, 35, 41, 65

James   1, 3, 4, 19, 25, 65, 77,

Jerusalem   8, 15, 18, 31, 36, 53, 66

____, Council   1, 7, 53

Jesus (*see Yeshua*)

Jewish People   ix, 5, 7, 9, 11-17, 20-26, 29-36, 38-41, 47, 57, 59-64, 66, 68-71, 73, 75

Josephus   18, 84

Judaism, Messianic   x-xi, 4, 20, 23, 36, 56, 61

____, (non-Messianic) xi, 1, 5, 13, 20, 25-26, 29, 39-40, 47-56, 61, 63, 65, 71

Judaizers, Judaizing   xi, 7, 9, 19, 53

Justin Martyr   19, 81

Kaddish   68

Kal v'chomer argument   50

Kaplan, Mordechai M.   25

Kashrut; kosher   4, 8, 51-52

Key '73   70

King, kingdom, kingship   10, 29-30, 33, 38, 53, 68, 75

Land of Israel 30, 32-33, 35-36, 38, 76

Law (in genreal, see Torah)

_____, curse of the law　　44-45

_____, end of the law　　40-41, 47

_____, free from the law　　56

_____, under the law　　42-43, 47

_____, works the law　　42-44

Legal, legalism　xi, 19, 42-43, 45, 49

Lord's Prayer　　68, 74

Luther, Martin　　60

Maimonides (*see Rambam*)　　65

Messiah; Christ　xi, 2-4, 10-11, 13, 15, 18, 20-21, 23-24, 27-29, 31-35, 37-42, 44-45, 49, 51-52, 57-59, 62-66, 77

Messianic Jew(s); Messianic

Jewish x-xi, 1, 3-4, 8-10, 13, 15, 18-19, 22-23. 35-39. 41, 46, 48-49, 51, 33-55, 60, 67

_____, Judaism (*see Judaism, Messianic*)

Michener, James　　3

Midrash　　28

Mirror　　9

Missionary　　3, 5-6, 15, 68

Mitzvah; Mitzvot　　1, 50

Moses; Mosaic　5, 19, 22, 35-36, 46, 53, 63-64 76

Murray, John　　67

New Testament　xi, 2, 4-5, 7-13, 15, 18, 24-27, 30-35, 39-41, 43-46, 48-49, 51-55, 57-58, 61-62, 64, 66-67, 71-72

Niebuhr, Reinhold　　65

Old Testsment (*see Tanakh*)

Olive tree; branches　12-18, 20-21, 71

_____, tree theology　　13, 20, 71-72, 76

Olivet Discourse　　35

Parkes, James　　4, 65

Passover　　5, 58

Paul　ix, 1, 13, 41, 43, 57, 58, 69, 76

_____, observant Jew　　8, 58

Peace　　38

People(s) of God　9, 20, 23, 40, 62, 68, 71

Peter　1, 7, 13, 52, 53, 65, 68, 75

Promise of God　13, 21, 30-34, 39, 46, 59

Rabbi(s); Rabbinic　18, 27-28, 40-41, 47, 49-50, 52, 60, 65, 74, 76

Rambam [Maimonides]　　65

Replacement theology　12, 21, 32-33, 35-36, 75

Restoration, defined　　11-12

Rosenzweig, Franz　　65

Sabbath (*see Shabbat*)

Sacrifices; sacrificial　　4, 8, 58

Salvation; Savior, save, saved;

saving; unsaved　　x-xi, 1-3, 5-7, 9, 14, 19-22, 24-27, 29, 31, 34, 52-52, 60, 65-67, 70-72, 74, 77

Sermon on the Mount　34, 48-49, 58,

Shabbat; Sabbath　4, 19, 50, 54-55, 74, 76, 81

Shavu'ot　　8

Shulam, Joseph　　36, 38

Sin; sins; sinned   x, 2-3, 7, 24, 27, 29, 37-38, 60, 63, 73-78

Spiritual laws   ix, 25

Tanakh (Old Testament)   xi, 22, 24-25, 28-30, 32, 35, 38, 45, 66

Tikkun-ha'olam   13, 23, 38

Toland, John   23

Torah; Law   xi, 1, 8, 15, 23, 30, 33-36, 39-50, 53-56, 59

Transcultural Judaism   1-2

Two-covenant theology   64-66, 70

Yeshua; Jesus   x-xi, 1-4, 10-11, 13, 15, 18-19, 20, 22-25, 27-40, 42, 46, 48-52, 55-58, 62-68, 75, 77

Yom Kippur   65